KB242386

태국어
사동문 연구

태국어 사동문 연구

정 환 승 지음

KCSI 한국학술정보[주]

머리말

이 책은 글쓴이의 박사학위논문 태국어의 『사동표현에 관한 연구』를 깁고 다듬은 것이다. 이 연구에서는 태국어의 사동의미에 대한 명확한 개념을 설정하고 이를 바탕으로 태국어의 사동이 어떠한 방법으로 실현되는가를 폭넓게 기술하고자 하였다. 연구의 전반적인 논의를 하는 데 있어서는 태국어의 특수성을 고려하였다. 이는 개별 언어의 연구 결과를 바탕으로 언어의 보편성을 설명할 수 있다는 생각에 바탕을 둔 것으로 언어의 보편성만을 강조한 나머지 개별 언어가 가지고 있는 특수성이 언어 기술에 있어 도외시되는 것은 바람직하지 않다고 보았기 때문이다.

본 연구는 다음과 같은 구성으로 이루어졌다. 제 1장에서는 연구목적과 연구범위를 설정하고 앞선 연구들을 살펴보고 문제 제기를 하였다. 제2장에서는 우선 태국어가 가지고 있는 통사적 특성을 소개를 하였다. 태국어의 통사적 특성을 소개하는 과정에서 통사적으로 다양한 분포를 보이면서 의미적으로 여러 가지 기능을 하는 haj 에 대해 폭넓은 논의를 하였다. 제3장에서는 태국어의 사동에 대한 명확한 개념을 설정하였다. 먼저 태국어의 사동 표현과 관련한 언어 사용의 특징에 대해서 살펴보고 사동과 타동 그리고 사동과 피동의 관계를 살펴봄으로써 태국어의 사동의 범주가 어떻게 설정될 수 있는지를 검토하였다. 제4장에서는 태국어의 사동 표현이 실현되는 방법을 기술하였다. 여기서 비슷한 문법적 장치를 통해 실현되지만 진사동문이 아닌 의사사동문이 있다는 것을 밝히고 진사동문과 의사사동 표현의 여러 가지 형태를 그 특성에 따라 유형화하여 설명하였다. 제5장에서는 태국어 사동 표현의 특성과 제약에 대해 고찰하였다. 끝으로 제6장에서는 앞에서의 논의를 요약 정리하여 결론을 내리고 남은 문제들을 제시하였다.

이 연구는 국내에서 제한적으로 이루어지고 있는 태국어 연구에 다소 보탬이 될 수 있으리라고 본다. 자연언어가 지니고 있는 보편성을 확인하고 태국어라는 개별언어가 지니고 있는 특성을 이해하는 데 도움이 되었을 뿐만 아니라 일상생활에서 사동표현을 즐겨 사용하는 태국인의 언어문화에 비추어 볼 때 언어교육적인 측면에서도 일정부분 기여할 수 있을 것으로 기대한다.

언제나 건강이 좋지 않은 아들을 걱정하시며 올해로 팔순을 맞이하시는 어머니께 감사의 뜻을 담아 이 책을 드린다. 박사과정 논문지도에 열과 성의를 아끼지 않으시고 학문의 폭과 깊이를 더해주셨던 지도교수 채희락 선생님께 지면을 빌어 깊은 감사를 드린다. 그리고 언제나 옆에서 격려해주고 힘이 되어 준 아내 권은경과 어느새 자라 논문 원고 정리를 도와준 딸 리나에게도 고마운 마음을 전한다. 끝으로 편집 작업이 까다로운 이 책의 출판을 맡아준 한국학술정보(주) 관계자 여러분께 감사드린다.

2008년 봄이 오는 문턱에서.
정 환 승

목 차

01 제 1 장 들어가는 글

02 제 2 장 태국어의 통사적 특징

03 제 3 장 사동의 개념

04 제4장 사동의 실현 방법

05 제5장 사동 표현의 특성과 제약

06 제 6 장 맺는 글

제 1 장

들어가는 글

01

1절 연구 목적

2절 앞선 연구

3절 연구 방법과 범위

제 1 장 들어가는 글

1절 연구 목적

본 연구의 목적은 태국어의 사동 표현에 대한 전반적인 고찰을 통하여 사동의 개념을 명확히 정의하고 사동법과 사동문에 대한 체계적인 기술을 하는 데 있다. 기존의 연구에서 태국어의 사동 표현은 단문 혹은 복문의 형태로 나타나면서 의미상으로 원인이 되는 사건과 그 사건의 결과를 함께 표현하는 문장이라고 정의하여 왔다. 이러한 사동 표현을 나타낼 수 있는 문장의 유형을 제시해 보면 다음과 같다.

(1) a. **สมหญิง** **หัก** **กิ่งไม้**

somjiŋ hak kiŋma:j

쏨잉 부러뜨리다 나뭇가지

쏨잉이 나뭇가지를 부러뜨렸다.

b. **กิ่งไม้** **หัก**

kiŋma:j hak

나뭇가지	부러지다

나뭇가지가 부러졌다.

(2) a.

แม่	**ตำ**	**พริก**
mɛ:	tam	phrik
어머니	빻다	고추

어머니가 고추를 빻는다.

b.

พริก	**ตำ**	**(ละเอียด)**
phrik	tam	laia:t
고추	빻다	곱다

고추가 (곱게) 빻아졌다.

(3)

สมชาย	**ทำ**	**น้อง**	**เสียใจ**
somcha:j	tham	nɔ:ŋ	siacaj
쏨차이	[사동]	동생	속상하다

쏨차이는 동생을 속상하게 만들었다.

(4)

ครู	**ให้**	**นักเรียน ทำ**	**การบ้าน**
khru:	haj	nakrian tham	ka:nba:n
선생님	[사동]	학생하다	숙제

선생님은 학생들이 숙제를 하게 하셨다.

(5)

เขา	**ทำให้**	**งาน**	**เสีย**	**หมด**
khao	thamhaj	ŋa:n	sia	mot
그	[사동]	일	그르치다	모두

그는 일을 모두 그르치게 만들었다.

문장 (1)−(2)에서 동사 **หัก** / hak /, **ตำ** / tam / 등은 일반적으로 행위자

가 주어인 문장에서 타동사로 쓰이지만 의미상으로 목적어에 대해 어떤 변화를 발생시키는 경우에는 사동사의 성격을 갖게 된다. 따라서 이러한 경우에 어휘적 사동 표현이 된다. 문장 (3)에서 쏨차이는 동생에게 무엇인가를 행하였으며 그 행위의 결과로 동생이 상심했다는 것을 나타내고 있다. 문장 (4)에서는 선생님이 학생에게 어떤 행위를 했으며 그 결과로 학생들이 숙제를 했음을 나타내고 있다. 또 문장 (5)에서는 그가 무엇인가를 했으며 그 결과 일을 완전히 그르쳤음을 나타내고 있다. 이와 같이 원인과 결과가 한 문장으로 기술될 때 사동문이 된다는 것이다. 태국어의 **ทำ** / tham / , **ให้** / haj / , **ทำให้** / thamhaj / 에 의해 만들어지는 사동문은 통사적 사동 표현이며 이는 한국어의 “게 만들다”나 “게 하다”에 의해 만들어지는 장형 사동문에 대응된다.

태국어의 사동 표현에 대한 개념은 아직도 명확하지 않은 점이 많다. 본 연구에서는 태국어의 사동 표현을 보다 체계적으로 기술하고 사동 표현을 유형화하여 각 사동 표현의 유형에 따른 의미 차이를 분석하기 위하여 다음과 같은 내용을 논의하게 될 것이다. 첫째, 태국어에서의 사동의 개념을 명확하게 규정하기 위해 통사적, 의미적 기준에 따른 사동의 범주를 설정한다. 둘째, 태국어에서 사동 표현을 통사 장치로 다룰 수 있는지의 여부를 깊이 있게 논의하고 사동을 실현하기 위한 문법 장치가 있는지를 검토한다. 셋째, 태국어의 사동 표현을 각 유형별로 기술하여 의미 차이를 분석하고 통사적 분포와 의미 구조와의 상관성을 밝힌다.

2절 앞선 연구

프라야우빠낏(๒๕๓๓: ๑๑๕ / 1990: 119)은 조동사 **ให้** / haj / 가 본동사의 앞에 위치하면서 사동문이 이루어진다고 설명하였다.

(6)

ครู	**ยัง**	**ศิษย์**	**ให้**	**อ่าน**	**หนังสือ**
khru:	jaŋ	sit	haj	ʔa:n	naŋsɯ:
선생님	-에게	제자	[사동]	읽다	책

선생님이 제자에게 책을 읽게 하였다.

(7)

ครู	**ให้**	**สิษย์**	**อ่าน**	**หนังสือ**
khru:	haj	sit	a:n	naŋsɯ:
선생님	[사동]	제자	읽다	책

선생님은 제자가 책을 읽게 하였다.

피사동자 **สิษย์** / sit / 은 전치사 **ยัง** / jaŋ / 뒤에 또는 조동사 **ให** / haj / 뒤에 올 수 있다. 또한 다음과 같이 수동문과 함께 나타나는 경우에는 피사동자가 주어로 나타날 수도 있다.

(8)

ศิษย์	**ถูก**	**ครู**	**ให้**	**อ่าน**	**หนังสือ**
sit	thu:k	khru:	haj	ʔa:n	naŋsɯ:
제자	[수동]	선생님	[사동]	읽다	책

(제자가 선생님에게 책을 읽힘을 당했다)

선생님이 제자에게 책을 읽혔다.

이처럼 문장 안에서 조동사 ให /haj/가 사용되어 사동자와 피사동자가 드러나고 의미상으로 시킴의 내용이 있을 때 사동문이 된다는 프라야우빠낏의 사동문에 대한 정의는 태국어에서 전통적인 사동문으로 받아들여져 왔다. 그러나 프라야우빠낏의 사동문에 대한 정의는 매우 단순하고 의미적 기준에 치우쳐 있어 명확성이 결여되어 있다. 따라서 태국어의 사동 표현에 대한 체계적인 기술을 위해서는 사동문에 대한 보다 객관적이고 타당성이 있는 통사적 의미적 기준이 설정되어야 할 것이다.

깜차이 텅러(**กำชัย ทองหล่อ ๒๕๔๐: ๒๕๓－๒๕๔**/1997: 253－254)도 태국어의 사동문은 조동사 **ให้**/haj/에 의해 실현된다고 설명하였다.

(9) **ครู** **เขียน** **หนังสือ**
khru khian naŋsɯː
선생님 쓰다 글씨
선생님이 글씨를 쓴다.

(10) **ครู** **ให้** **นักเรียน** **เขียน** **หนังสือ**
khru haj nakrian khian naŋsɯː
선생님 [사동] 학생 쓰다 글씨
선생님은 학생이 글씨를 쓰게 한다.

문장 (9)가 주동문인 반면에 문장 (10)에서처럼 **ให้**/haj/가 삽입되면 사동문이 된다는 것이다. 태국어의 사동이 조동사 **ให้**/haj/에 의해 실현된다고 하는 점에 있어 프라야우빠낏과 다를 바가 없다. 그러나 어떠한 조건에서 태국어의 **ให้**/haj/가 조동사의 기능을 수행하며 사동문을 실현시키는가에 대한 설명이 없다. 따라서 태국어에서 다양한 통사적 분포와 의미적 기능을 수행하는 **ให้**/haj/에 대한 분석이 필요하다고 생각된다.

반쫍 판투메타(**บรรจบ พันธุเมธา, ๒๕๒๘: ๑๗๑－๑๗๕** 1985: 171－175)는 사동구문을 만드는 **ให้**/haj/의 의미를 다음과 같이 세 가지로 나누었다.

(11)	**แดง**	**ให้**	**นิด**	**กวาด**	**บ้าน**
	dɛ:ŋ	haj	nit	kwa:t	ba:n
	댕	[사동]	닛	쓸다	집

댕은 닛이 집안을 쓸게 한다.

(12)	**พ่อแม่**	**ให้**	**ลูก**	**ไปเที่ยว**
	phɔ:mɛ:	haj	lu:k	pajthiaw
	부모	[사동]	자식	놀러가다

부모님은 자녀가 놀러 가게 하셨다.

(13)	**ครู**	**ให้**	**นักเรียน**	**อ่าน**	**หนังสือ**
	khru:	haj	nakrian	a:n	naŋsɯ:
	선생님	[사동]	학생	읽다	책

선생님은 학생이 책을 읽게 하였다.

반쭙의 설명에 의하면 문장 (11)에서 **ให้** / haj / 는 '시킴'을 의미하며 문장 (12)에서의 **ให้** / haj / 는 '허락'을 그리고 문장 (13)에서 **ให้** / haj / 는 '통제'를 각각 의미한다고 한다. 이러한 반쭙의 설명은 **ให้** / haj / 의 의미를 세분하고 있으나 **ให้** / haj / 의 의미가 다양하다는 것에 대한 부분적인 설명만 하고 있을 뿐 어떠한 경우에 무엇에 의해 의미가 달라지는가에 대한 자세한 분석이 없어 미흡하다.

Rasami(1976: 456−76)은 사동문을 만드는 **ทำ** / tham /, **ให้** / haj /, **ทำให้** / thamhaj / 의 의미 차이를 다음과 같이 분석하였다.

(14)	**สักกะ**	**ทำ**	**กระจก**	**แตก**
	sakka	tham	kracok	tɛ:k
	싹까	[사동]	거울	깨지다

싹까는 거울을 깨뜨렸다.

(15)	**สักกะ**	**ให้**	**แดง**	**ทำ**	**ขนม**
	sakka	haj	dɛ:ŋ	tham	khanom
	싹까	[사동]	댕	만들다	과자

싹까는 댕이 과자를 만들게 했다.

(16)	**สักกะ**	**ทำมห้**	**กระจก**	**แตก?**
	sakka	thamhaj	kracok	tɛ:k
	싹까	[사동]	거울	깨지다

싹까는 거울이 깨지게 했다.

Rasami의 설명에 따르면 문장 (14)에서와 같이 **ทำ** / tham / 이 사용된 경우에는 우연이나 사고에 의해 일어난 사동의 의미를 기술하며 문장 (15)에서와 같이 **ให้** / haj / 가 사용된 경우에는 사동자의 의도에 의해 일어나는 사동의 의미를 기술한다고 설명하였다. 또 문장 (16)에서와 같이 **ทำให้** / thamhaj/ 가 사용되면 사동자의 의도 또는 우연에 의해 일어나는 사동의 의미를 기술한다고 한다. Rasami는 위의 문장 (14)−(16)에 각각 의도를 나타내는 부사구**โดยตั้งใจ** / do:jtaŋcaj / '일부러'를 삽입 시킨 후에 전체적 의미의 자연스러움을 살펴봄으로써 이를 증명하고 있다.

(14') *	**สักกะ**	**ทำ**	**กระจก**	**แตก**	**โดยตั้งใจ**
	sakka	tham	kracok	tɛ:k	do:jtaŋcaj
	싹까	[사동]	거울	깨지다	일부러

싹까는 일부러 거울을 깨뜨렸다.

(15')	**สักกะ**	**ให้**	**แดง**	**ทำ**	**ขนม**	**โดยตั้งใจ**
	sakka	haj	dɛ:ŋ	tham	khanom	do:jtaŋcaj
	싹까	[사동]	댕	만들다	과자	일부러

싹까는 일부러 댕에게 과자를 만들게 했다.

(16') **สักกะ ทำให้ กระจก แตก โดยตั้งใจ**
sakka thamhaj kracok tɛ:k do:jtaŋcaj
싹까 [사동] 거울 깨지다 일부러
싹까는 고의적으로 거울을 깨지게 했다.

문장 (14')가 비문이 되는 것은 사동의 의미를 나타내는 동사 **ทำ** / tham / 이 우연 또는 사고에 의해 발생되는 사건을 기술하는 사동사이므로 의도를 나타내는 부사구**โดยตั้งใจ** / do:jtaŋcaj / 와는 의미상 어울리지 못하기 때문이라는 것이다. 마찬가지 이유로 **ให้** / haj / 와 **ทำให้**/thamhaj / 는 명령문에 나타날 수 있지만 **ทำ** / tham / 은 명령문에 사용되지 못한다.

(17) * **ทำ โต๊ะขา หัก สิ**
tham toʔkha: hak siʔ
[사동] 책상다리 부러지다 [어조사]
책상다리를 부러뜨려라.

(18) **ให้ สักกะ ยืนขึ้น สิ**
haj sakka jɯ:nkhɯ:n siʔ
[사동] 싹까 일어서다 [어조사]
싹까를 일으켜라.

(19) **ทำให้ สักกะ ตกใจ สิ**
thamhaj sakka tokcaj siʔ
[사동] 싹까 놀라다 [어조사]
싹까를 놀라게 해라.

Rasami의 분석에서는 태국어의 사동 표현에 있어 **ทำ** / tham / , **ให้** / haj / 그리고 **ทำให้** / thamhaj / 에 의해 만들어지는 사동의 의미 차이를 구별하는 데 있어 기존의 분석보다는 어느 정도 발전된 기준을 사용하고 있다. 그러나 이에 대한 좀 더 세밀한 분석이 필요하다. 사동자와 피사동자의 의미적 상관성을 고려하여 사동자와 피사동자가 지니고 있는 의미자질에 대한 분석을 시도해 본다면 그 차이가 좀 더 분명하고 확실하게 드러날 것이다. 본 연구에서는 이와 같은 분석을 통해 사동 표현들 간의 의미 차이를 상세히 설명하고자 한다.

위파 웡싼띠와닛(**วิภา วงศ์สันติวนิช ๒๕๒๖** / 1983)은 Rasami와 같은 입장을 보이면서 단일 어휘로 사동문을 이루는 사동사에 대해서도 연구하였다. 그에 따르면 태국어의 사동사는 타동사 중에서 다음과 같은 판별법을 적용하여 구분해 낼 수 있다고 한다.

1) 타동사 구문에서 행위자는 목적어에 대해서 어떤 행위를 했는가?

(20) a. **เขา** **เปิด** **ประตู**

khao pɤ:t pratu:

그 열다 문

그는 문을 열었다

그는 문에 대해서 어떤 행위를 했는가? ⇨ 열었다

b. **เขา** **อ่าน** **หนังสือ**

khao ʔa:n naŋsɯ:

그 읽다 책

그는 책을 읽었다.

그는 책에 대해서 어떤 행위를 했는가? ⇨ 읽었다

2) 행위자의 행위에 대한 결과가 목적어의 상태를 변화시켰는가?

(21) a. **เขา** **เปิด** **ประตู**

khao pɤ:t pratu:

그 열다 문

그는 문을 열었다.

⇨ 문이 열린 상태로 바뀌었다

b. **เขา** **อ่าน** **หนังสือ**

khao ˀa:n naŋsɯ:

그 읽다 책

그는 책을 읽었다.

⇨ ?

문장 (20a)는 사동자인 **เขา**/ khao / 가 피사동자 **ประตู**/ pratu: / 에 대하여 문을 여는 행위를 했고 피사동자 **ประตู** / pratu: / 의 상태가 닫힌 상태에서 열린 상태로 바뀌었으므로 사동문으로 볼 수 있지만, 문장 (21b)에서는 문장 속에 기술된 내용이 주어로 나타나는 행위자 그(**เขา** / khao /)가 책(**หนังสือ** / naŋsɯ: /)을 읽었다는 한 가지 내용만이 기술되기 때문에 일반 타동사 구문이라는 것이다. 이러한 위 파의 구분법은 사실상 그 기준이 모호하고 사동사와 일반 타동사의 구분이 단지 의미와 관련되어 있을 뿐 이를 구분해 주는 객관적인 장치가 없다는 문제가 있다. 따라서 본 연구에서는 타동과 사동 그리고 사동과 수동과의 관계를 살펴보고 태국어의 어휘적 사동을 좀 더 명확하게 구분할 수 있는 판별기준을 마련하고자 한다.

3절 연구 방법과 범위

앞선 연구에서 볼 수 있듯이 태국어의 사동에 대한 개념은 아직까지 정확하게 설정되어 있지 않다. 따라서 본 연구에서는 태국어의 사동의미에 대한 명확한 개념을 설정하고자 한다. 태국어의 사동에 대한 개념을 바탕으로 그러한 사동이 어떠한 방법으로 실현되는가를 논의할 것이다. 또 사동이 실현되는 데 있어 어떠한 특성과 제약이 있는가를 고찰하기로 한다.

본 연구의 전반적인 논의를 하는 데 있어서는 우선 태국어의 특수성을 고려하고자 한다. 이는 개별 언어의 연구 결과를 바탕으로 언어의 보편성을 설명할 수 있다는 생각에 바탕을 둔 것으로 언어의 보편성만을 강조한 나머지 개별 언어가 가지고 있는 특수성이 언어 기술에 있어 도외시되는 것은 바람직하지 않다고 보기 때문이다. 따라서 제2장에서는 우선 태국어가 가지고 있는 통사적 특성을 소개를 하고자 한다. 태국어의 통사적 특성을 소개하는 과정에서 통사적으로 다양한 분포를 보이면서 의미적으로 여러 가지 기능을 하는 ให้ / haj / 에 대해 폭넓은 논의를 하게 될 것이다.

제3장에서는 태국어의 사동에 대한 명확한 개념을 설정하고자 한다. 먼저 태국어의 사동 표현과 관련한 언어 사용의 특징에 대해서 살펴보고 사동과 타동 그리고 사동과 피동의 관계를 살펴봄으로써 태국어의 사동의 범주가 어떻게 설정될 수 있는지를 검토하게 될 것이다. 또 ให้ / haj / 를 깊이 있게 분석하여 ให้ / haj / 가 과연 전형적인 사동문을 이루는지를 살펴보게 될 것이다.

제4장에서는 태국어의 사동 표현이 실현되는 방법을 기술할 것이다. 여기서 비슷한 문법적 장치를 통해 실현되지만 진사동문과 사동과 유사한 의미를 나타내는 의사사동이 있다는 것을 밝히고 사동문과 의사사동 표

현의 여러 가지 형태를 그 특성에 따라 유형화할 것이다.

제5장에서는 태국어 사동 표현의 특성과 제약에 대해 고찰하고자 한다. 여러 가지 사동 표현의 형태적 통사적 의미적 특성을 살펴보고 사동 표현이 실현되기 위해서는 어떤 제약들이 있는지를 분석하고자 한다. 또 각 사동문의 사동자와 피사동자의 의미자질을 분석하고 이를 바탕으로 여러 가지 사동 표현 간의 의미 차이를 살펴보고 의미론적 기준에 의해 사동의 유형을 세분화하여 기술하게 될 것이다.

끝으로 제6장에서는 앞에서의 논의를 요약 정리하여 결론을 내리고 남은 문제들을 제시할 것이다.

제 2 장

태국어의 통사적 특징

02

제 2 장 태국어의 통사적 특징

태국어는 차이나-티베트(Sino-Tibetan)어족에 속하는 언어로 현재 태국의 표준어로 사용되고 있다. 태국어는 고립어(Isolating Language)로서 어형의 변화가 없고 문법적 관계는 문장 안에서의 단어의 위치와 조동사 그리고 어조사의 용법에 따라 정해진다. 본 장에서는 태국어의 사동 표현을 이해하기 위하여 필요한 태국어의 통사적 특징을 간단히 살펴보고 이러한 특징에 따라 사동 표현을 실현시키는 중요한 요소인 ให้ / haj / 가 어떻게 다양한 문법적 기능과 의미 구조를 나타내게 되는지를 논의하기로 한다.

1절 태국어의 문장 구조

태국어의 문장은 주어와 술어로 이루어지며 술어에는 자동사와 타동사 그리고 이중목적어 동사가 있다. 자동사는 목적어를 필요로 하지 않으며 타동사는 목적어 하나만을 요구한다. 그리고 이중목적어 동사는 직접 목적어와 간접 목적어 모두를 보충어(complement)로 요구한다. 태국어 문장의 기본 구조에서 주어가 문장의 앞머리에 오는 경우는 다음의 세 가지 형태가 있다.

① 주어(S)+자동사(Vi)

(1) **ฝน** **ตก**
phon tok
비 떨어지다
비가 온다.

② 주어(S)+타동사(Vt)+직접 목적어(DO)

(2) **น้อง** **ทำ** **การบ้าน**
nɔ:ŋ tham ka:nba:n
동생 하다 숙제
동생이 숙제를 한다.

③ 주어(S)+이중목적어 동사(Vtt)+직접 목적어(DO)+간접 목적어(IO)

(3) **นักเรียน** **ถาม** **ปัญหา** **ครู**
nakrian tha:m panha: khru:
학생 묻다 문제 선생
학생들이 선생님에게 문제를 물어 본다.

위의 세 가지 기본 문형에서 문장 성분의 생략이나 도치를 통해서 다음과 같은 문형이 생겨날 수 있다.

1) 문장 성분의 생략을 통한 문형의 확대

위의 세 가지 기본 문형에서 발화 상황에 따라 주어가 파악이 되는 서술문이나 화자가 주어로 나타나는 서술문 그리고 청자가 주어로 나타나는 명령문에서 주어가 생략된 문장 형태가 추가될 수 있다. 이를 자세히 살펴보면 다음과 같다.

① (주어)+자동사(Vi)

(4) **มืด**
mɯ:t
어둡다.

(5) **เหนื่อย**
mɯ:aj
피곤하다.

② (주어)+타동사(Vt)+직접 목적어(DO)

(6) **เขียน　　จดหมาย**
khian　　cotma:j
쓰다　　편지
편지를 쓴다.

(7) **คิดถึง**
khitthɯ:ŋ　　mɛ:
그립다　　엄마
엄마가 생각난다.

③ (주어)+이중목적어 동사(Vtt)+직접 목적어(DO)+간접 목적어(IO)

(8) **ให้** **ความคุ้มครอง** **เขา**
haj kwa:mkhumkhrɔ:ŋ khao
주다 보호 그
그를 보호해 주어라.

(9) **ให้** **รางวัล** **แก่** **เขา** **แล้ว**
haj ra:ŋwan kɛ: khao lɛ:w
주다 상 에게 그 [완료]
그에게 상을 주었다.

2) 문장 성분의 도치를 통한 문형의 확대

앞에서 살펴본 세 가지 기본 문형에서 주어보다는 술어를 강조하는 경우에 주어가 문장의 끝으로 도치되어 새로운 문형이 추가될 수 있다. 이를 자세히 살펴보면 다음과 같다.

① 자동사(Vi)+주어(S)

(10) **เย็น** **ลมว่าว**
jen lomwa:w
차다 연바람
차다!연 바람이.

(11) **สะอาด** **ร้านนี้**
saˀa:t ra:nni:
깨끗하다 이 가게

깨끗하다! 이 가게는.

② 타동사(Vt)+직접 목적어(DO)+주어(S)

(12)	ทำ	อะไร	แดง
	tham	ʔaraj	dɛːŋ
	하다	무엇	댕
	무엇하니? 댕아.		

(13)	กิน	ข้าว	คุณ
	kin	kha:w	khun
	먹다	밥	당신
	식사하세요! 당신.		

③ 이중목적어 동사(Vtt)+직접 목적어(DO)+간접 목적어(IO)+주어(S)

(14)	บอก	คะแนน	นักเรียน(สิ)	คุณ
	bɔ:k	khanɛ:n	nakrian(siʔ)	khun
	말하다	성적	학생	당신
	학생에게 성적을 불러 주세요. 당신.			

(15)	แจก	ขนม	เด็กๆ(หน่อย)	แดง
	cɛ:k	khanom	dekdek(nɔ:j)	dɛ:ŋ
	나눠주다	과자	아이들	댕
	아이들에게 과자 좀 나누어 주어라. 댕아.			

기본 문형에서 직접 목적어와 간접 목적어를 강조하고자 할 경우에 문장의 앞머리로 이동할 수 있다. 목적어의 도치로 다음과 같은 문형이

추가될 수 있다.

④ 직접 목적어(DO)+주어(S)+타동사(Vt)

(16)	จดหมาย	เขา	ยัง	ไม่	ได้	ส่ง
	cotma:j	khao	jaŋ	maj	daj	soŋ
	편지	그	아직	아니	[과거]	보내다

편지를 그는 아직 보내지 않았다.

(17)	ทุเรียน	ฉัน	ไม่	ชอบ	กิน
	turian	chan	maj	chɔ:p	kin
	투리안	나	아니	좋아하다	먹다

투리안을 나는 좋아하지 않는다.

⑤ 직접 목적어(DO)+주어(S)+이중목적어 동사(Vtt)+간접 목적어(IO)

(18)	เสื้อตัวนี้	ฉัน	ซื้อ	ให้	แม่
	sɯatuani:	chan	sɯ:	haj	mɛ:
	이 옷	나	사다	-주다	엄마

이 옷을 나는 엄마에게 사주어야겠다.

(19)	ผลไม้	เรา	เก็บไว้	ถวาย	พระ
	phonlama:j	rao	kepwa:j	thawa:j	phra?
	과일	우리	모으다	바치다	승려

과일은 모아 두었다가 스님께 시주해야 한다.

⑥ 간접 목적어(IO)+주어(S)+이중목적어 동사(Vtt)+직접 목적어(DO)

(20)	**นักเรียนคนนี้**	**เรา**	**ควร**	**ให้**	**รางวัล**
	nakriankhonni:	rao	khuan	haj	ra:ŋwan
	이 학생들	우리	[필요]	주다	상

이 학생들에게 우리는 상을 줄 필요가 있다.

(21)	**รถคันนี้**	**คุณ**	**ต้อง**	**เติม**	**น้ำมัน**
	rotkhanni:	khun	tɔ:ŋ	tɤ:m	na:mman
	이 차 당신	[의무]	채우다	기름	

이 차에 당신은 꼭 기름을 넣어야 합니다.

이상에서 기술한 바와 같이 태국어에서 문장성분의 배열로 성립될 수 있는 문형을 정리하여 보면 다음과 같이 12가지의 문형이 된다.

1) 주어(S)+자동사(Vi)
2) 주어(S)+타동사(Vt)+직접 목적어(DO)
3) 주어(S)+이중목적어 동사(Vtt)+직접 목적어(DO)+간접 목적어 (IO)
4) 자동사(Vi)
5) 타동사(Vt)+직접 목적어(DO)
6) 이중목적어 동사(Vtt)+직접 목적어(DO)+간접 목적어(IO)
7) 자동사(Vi)+주어(S)
8) 타동사(Vt)+직접 목적어(DO)+주어(S)
9) 이중목적어 동사(Vtt)+직접 목적어(DO)+간접 목적어(IO)+주어 (S)
10) 직접 목적어(DO)+주어(S)+타동사(Vt)
11) 직접 목적어(DO)+주어(S)+이중목적어 동사(Vtt)+간접 목적어(IO)
12) 간접 목적어(IO)+주어(S)+이중목적어 동사(Vtt)+직접 목적어(DO)

2절 태국어의 어순과 단어의 문법적 기능

앞에서 이야기한 바와 같이 태국어에서 어순은 매우 중요하다. 같은 단어라 할지라도 문장 안에서 나타나는 위치에 따라 문법적 기능과 의미가 달라지기 때문이다. 태국어에서 **ให้** / haj / 는 다음과 같이 문장의 여러 위치에 나타날 수 있으며 그 위치에 따라 **ให้** / haj / 의 기능이 달라진다.

1) 직접 목적어 앞에 나타난다.

(22)	**ครู**	**ให้**	**รางวัล**	**นักเรียน**
	khru:	haj	ra:ŋwan	nakrian
	선생	주다	상	학생

선생님이 학생에게 상을 주었다.

위와 같이 **ให้** / haj / 가 목적어 앞에 나타나는 경우에는 직접 목적어와 간접 목적어 두 개를 보충어로 취하는 이중목적어 동사가 된다. 위의 문장에서 **รางวัล** / ra:ŋwan / 은 직접 목적어이며 **นักเรียน** / nakrian / 은 간접 목적어이다.

2) 간접 목적어의 앞에 나타난다.

(23)	**แม่**	**ดุ**	**น้อง**	**ให้**	**ฉัน**
	mɛ:	duˀ	nɔ:ŋ	haj	chan
	어머니	야단치다	동생	-주다	나

어머니가 나를 위해 동생을 야단쳐 주었다.

위와 같이 ให้ / haj / 가 간접 목적어 앞에 나오는 경우에 기존의 연구에서는 전치사의 기능을 하는 것으로 분석해 왔다. 그러나 간접 목적어 앞에 나타나는 ให้ / haj / 는 전치사라기보다는 부동사로 보는 것이 더 타당하다고 생각된다. 이 문제에 대해서는 2.3.3항에서 자세히 논하기로 한다.

3) 동사의 뒤에 나타난다.

(24) ฉัน　จะ　บอก　ให้
chan　caˀ　bɔ:k　haj
나　[미래]　말하다　-주다
내가 말해 주겠다.

위와 같이 동사 뒤에 위치하는 경우에 ให้ / haj / 는 동사의 동작 방향이나 결과를 말해 주는 부동사의 기능을 한다.

4) 동사와 동사 사이에 나타난다.

(25) ทาน　ให้　หมด　นะ
tha:n　haj　mot　na?
먹다　-게　다하다　[어조사]
(먹어서 다 없어지게 하세요.)
남기지 말고 다 드십시오.

위에서 보는 바와 같이 동사와 동사 사이에 ให้ / haj / 가 나타나는 경우에는 동사 연결어의 기능을 하는 것으로 분석된다.

5) 절의 앞에 나타난다.

(26)

พรุ่งนี้	**(คุณ)**	**ให้**	**ผม**	**มา**	**กี่**	**โมง**
pruŋni:	khun	haj	phɔm	ma:	ki:	mo:ŋ
내일	(당신)	[사동]	저	오다	몇	시

(당신은) 저를 내일 몇 시에 오게 하시겠습니까?
내일 몇 시에 올까요?

위와 같이 절의 앞머리에 나타나는 경우에 사동 표현을 실현시키는 사동사의 기능을 한다. **ให้** / haj / 가 사동 표현을 실현시키는 기능에 대해서는 제4장에서 자세히 다루기로 한다.

6) 절과 절 사이에 나타난다.

(27)

แม่	**ดุ**	**น้อง**	**ให้**	**ฉัน**	**หาย**	**โกรธ**
mɛ:	du^ʔ	nɔ:ŋ	haj	chan	ha:j	kro:t
어머니	야단치다	동생	[보문소]	나	풀어지다	화

어머니는 내가 화가 풀어지도록 동생을 야단쳐 주셨다.

위에서처럼 **ให้** / haj / 가 문장과 문장 사이에 나타나는 경우에는 접속사의 기능을 하는 것으로 분석된다.

이상에서 살펴본 바와 같이 태국어의 **ให้** / haj / 는 형태의 변화 없이 문장 안에서 나타나는 위치에 따라 다양한 문법적 기능을 하고 있다. 다음 절에서는 이러한 분석의 타당성에 대해서 자세히 살펴보기로 한다.

3절 ให้ / haj / 의 위치와 문법적 기능

앞에서 살펴본 바와 같이 ให้ / haj / 는 문법적인 기능이 매우 다양하다. 그런데 ให้ / haj / 가 어떠한 문법적 기능을 하는가 하는 것은 대부분 문장 안에서의 위치에 따라 결정된다. 태국어의 ให้ / haj / 는 사동 표현을 실현시키는 중요한 문법 요소로 분석되어 왔다. 그런데 ให้ / haj / 의 통사적 분포와 기능이 복잡하고 다양하기 때문에 보다 엄밀하고 타당성 있는 분석이 필요하다. 따라서 지금부터는 ให้ / haj / 의 위치와 문법적 기능에 대해서 좀 더 자세히 살펴보기로 한다.

Ⅰ. 이중목적어 동사로서의 기능

앞에서 살펴본 바와 같이 태국어의 ให้ / haj / 가 직접 목적어 앞에 나타나는 경우에는 이중목적어 동사의 기능을 하게 된다. 본 항에서는 태국어의 ให้ / haj / 가 이중 목적어 동사의 기능을 할 때 어떠한 조건과 통사적 분포를 갖는지를 살펴보기로 한다.

1. 태국어의 이중목적어 동사

위찐 파누퐁(**วิจินตน์ ภาณุพงศ์ ๒๕๒๗: ๕๓－๕๔** / 1984: 53－54)의 설명에 따르면 태국어의 ให้ / haj / 가 이중목적어 동사의 기능을 하기 위해

서는 다음과 같은 통사적 분포를 가져야 한다.

(28) a.

นาม___	**นาม**	**นาม**	**แล้ว**
NP___	NP	NP	lɛ:w

b.

นาม	**กำลัง___นาม**	**นาม**
NP	kamlaŋ___NP	NP

위와 같은 통사적 분포를 가진 문장의 예를 들면 다음과 같다.

(29) a.

เด็ก	**แจก**	**หนังสือ**	**เพื่อน**	**แล้ว**
dek	cɛ:k	naŋsɯ:	phɯan	lɛ:w
아이	분배하다	책	친구	[완료]

아이가 친구에게 책을 나누어 주었다.

b.

เด็ก	**กำลัง**	**แจก**	**หนังสือ**	**เพื่อน**
dek	kamlaŋ	cɛ:k	naŋsɯ:	phɯan
아이	[진행]	분배하다	책	친구

아이가 친구에게 책을 나누어 주고 있다.

(30) a.

น้อง	**เติม**	**น้ำมัน**	**รถ**	**แล้ว**
nɔ:ŋ	tɤ:m	na:mman	rot	lɛ:w
동생	채우다	기름	차	[완료]

동생이 차에 기름을 넣었다.

b.

น้อง	**กำลัง**	**เติม**	**น้ำมัน**	**รถ**
nɔ:k	kamlaŋ	tɤ:m	na:mman	rot
동생	[진행]	채우다	기름	차

동생이 차에 기름을 넣고 있다.

위의 예문에서 보는 바와 같이 แจก / cɛ:k / 이나 เติม / tɤ:m / 은 이중목적어 동사이다. 태국어의 ให้ / haj / 에 이와 같은 판별법을 적용시켜 보면 이중목적어 동사임을 알 수 있다.

(31) a.

แม่	ให้	สตางค์	เด็ก	แล้ว
mɛ:	haj	sata:ŋ	dek	lɛ:w
엄마	주다	돈	아이	[완료]

엄마가 아이에게 돈을 주었다.

b.

แม่	กำลัง	ให้	สตางค์	เด็ก
mɛ:	kamlaŋ	haj	sata:ŋ	dek
엄마	[진행]	주다	돈	아이

엄마가 아이에게 돈을 주고 있다.

2. 이중목적어 동사와 전치사구

어라타이(๒๕๑๓: ๓๙ – ๔๔ / 1970: 39 – 44)는 태국어에서 이중목적어 동사를 전치사의 필요성 유무와 관련하여 다음과 같은 세 가지로 분류하였다.

1) 전치사를 필요로 하는 이중목적어 동사

어라타이(1970: 39 – 44)가 제시하는 이중목적어 동사 중에서 전치사를 필요로 하는 동사의 예를 들면 다음과 같다.

(32) a.

แดง	มอบ	เงิน	ให้แก่	ห้องสมุด
dɛ:ŋ	mɔ:p	ŋɤ:n	hajkɛ:	hɔ:ŋamut

댕 주다 돈 에 도서관
댕은 도서관에 돈을 기부했다.

b. *แดง มอบ เงิน ห้องสมุด
dɛ:ŋ mɔ:p ŋɤ:n hɔ:ŋamut
댕 주다 돈 도서관
댕은 도서관 돈을 기부했다.

위의 문장에서 동사 **มอบ** / mɔ:p / 이 전치사구를 필요로 하기 때문에 전치사 **ให้แก่** / hajkɛ: / 를 소거하게 되면 비문이 된다는 것이다. 어라타이가 제시하는 또 하나의 예문을 보기로 하자.

(33) a. พ่อ ยก บ้าน ให้ ลูก
phɔ: jok ba:n haj lu:k
아버지 들다 집 -주다 자식
아버지는 자식에게 집을 주었다.
b. *พ่อ ยก บ้าน ลูก
phɔ: jok ba:n lu:k
아버지 들다 집 자식
아버지는 자식에게 집을 주었다.

위 (33b)에서 보는 바와 같이 **ให้** / haj / 를 제거하면 비문이 된다. 어라타이는 이와 같이 일부 이중목적어 동사는 전치사를 필수 성분으로 요구한다고 설명하고 있다. 그러나 어라타이의 분석은 우선 전치사의 개념에서부터 문제를 안고 있다. 이는 이들 이중목적어 동사와 같이 나타나는 **ให้** / haj / 의 분석에서 단지 전치사가 위치하는 자리에 **ให้** / haj / 가 나타날 수 있다는 사실에 근거한 것으로, 보다 엄밀하고 다양한 각도에서의 분석이 필요하다. 이때의 **ให้** / haj / 에 대한 분석은 태국어의 사동 표현 구문과 유사한 문장 구조를 가지고 있기 때문이다. 이 문제에 대해서는 3절Ⅱ항에서 자세히 다루기로 한다.

2) 전치사를 필요로 하지 않는 이중목적어 동사

전치사를 필요로 하지 않는 이중목적어 동사란 이중목적어 동사가 사용되는 문장에서 간접 목적어 앞에 전치사가 사용되지 않아야 문장의 의미가 올바르게 되는 반면에 전치사가 사용되게 되면 의미상으로 어색한 문장이 되는 동사를 말한다. 이러한 동사의 예를 보면 다음과 같다.

(34) a. เด็ก เติม น้ำมัน รถ
dek tɤ:m na:mman rot
아이 채우다 기름 차
아이가 차에 기름을 넣었다.

b. *เด็ก เติม น้ำมัน แก่ รถ
dek tɤ:m na:mman kɛ: rot
아이 채우다 기름 에 차
아이가 차에 기름을 넣었다.

c. *เด็ก เติม น้ำมัน ให้แก่ รถ
dek tɤ:m na:mman hajkɛ: rot
아이 채우다 기름 에 차
아이가 차에 기름을 넣었다.

어라타이는 위의 문장 (34a)에서 간접 목적어 앞에 전치사 แก่ / kɛ: / 또는 ให้แก่ / hajkɛ: / 를 사용할 경우에 (34b)나 (34c)와 같이 의미상으로 어색한 비문이 된다고 주장한다. 그러나 이러한 분석은 전치사를 ให้แก่ /

hajkɛ: / 와 แก / kɛ: / 로만 한정하기 때문에 생겨나는 분석의 오류이다. 어라타이도 스스로 지적한 바와 같이 다른 종류의 전치사는 삽입이 가능하기 때문이다. 다음의 문장도 전치사 없이 사용된 문장이다.

(35) a. น้อง ตอบ คำถาม ครู
nɔ:ŋ tɔ:p khamtha:m khru:
동생 답하다 질문 선생
동생은 선생님의 질문에 답했다.

b. *น้อง ตอบ คำถาม แก่ ครู
nɔ:ŋ tɔ:p khamtha:m kɛ: khru:
동생 답하다 질문 에게 선생
동생은 선생님의 질문에 답했다.

c. *น้อง ตอบ คำถาม ให้แก่ ครู
nɔ:ŋ tɔ:p khamtha:m hajkɛ: khru:
동생 답하다 질문 에게 선생
동생은 선생님의 질문에 답했다.

d. น้อง ตอบ คำถาม ต่อ ครู
nɔ:ŋ tɔ:p khamtha:m tɔ: khru:
동생 답하다 질문 에게 선생
동생은 선생님에게 질문에 답했다.

위의 문장 (35a)도 คอบ / tɔ:p / 이라는 이중목적어 동사가 사용되었지만 ให้แก่ / hajkɛ: / 나 แก่ / kɛ: / 와 같은 전치사를 삽입하면 (35b)와 (35c)와 같이 비문이 된다. 그러나 ตอบ / tɔ:p / 이라는 동사와 어울릴 수 있는 전치사를 삽입하면 (35d)와 같이 전혀 이상이 없는 문장이 된다.

위에서 살펴본 바와 같이 태국어의 이중목적어 동사는 그 동사가 가지고 있는 성격에 따라서 각각 요구되는 전치사가 다르다. 따라서 태국어의 이중목적어 동사와 전치사와의 관계는 전치사의 필수성의 유무보다는 각각의 동사들이 어떠한 종류의 전치사를 요구하느냐 하는 시각에서 분석하는 것이 더 타당할 것이다.

3) 전치사가 필요하나 생략이 가능한 이중목적어 동사

이중목적어 동사가 사용된 문장에서 전치사가 나타나지만 생략해도 무방한 경우가 많다. 이에 대한 예를 들면 다음과 같다.

(36) a. เด็ก แจก หนังสือ เพื่อน
dek cɛ:k naŋsɯ: phɯan
아이 나눠주다 책 친구
아이는 친구에게 책을 나누어 주었다.

b. เด็ก แจก หนังสือ แก่ เพื่อน
dek cɛ:k naŋsɯ: kɛ: phɯan
아이 나눠주다 책 에게 친구
아이는 친구에게 책을 나누어 주었다.

위의 문장 (36a)는 전치사 없이 완벽한 문장이 되었지만 (36b)와 같이 전치사 แก่ / kɛ: /를 삽입해도 전혀 이상이 없는 문장이 된다. 태국어의 이중목적어 동사 ให้ / haj / 의 경우도 마찬가지이다.

(37) a. เด็ก ให้ สตางค์ น้อง
dek haj sata:ŋ nɔ:ŋ

아이　　주다　　돈　　　동생
아이는 동생에게 돈을 주었다.

b. **เด็ก　　ให้　　สตางค์　แก่　　น้อง**
dek　　haj　　sata:ŋ　kɛ:　　nɔ:ŋ
아이　　주다　　돈　　　에게　　동생
아이는 동생에게 돈을 주었다.

앞에서 지적한 바와 같이 태국어의 이중목적어 동사와 전치사의 필수성의 유무관계에 따른 분석은 사실상 별 의미가 없다. 모든 이중목적어 동사에는 간접 목적어 앞에 전치사가 허용되며 어떠한 전치사가 사용되는가 하는 문제는 각각의 동사가 가지고 있는 성격에 따라 달라지는 것이다.

Ⅱ. 전치사로서의 기능

태국어의 전치사는 다음과 같은 도식에서 빈자리의 위치에 나타날 수 있는 문장성분을 말한다.

(38)　**นาม　　กริยาทวิกรรม　　นาม ___　　นาม**
NP　　Vtt　　NP______　　NP

이와 같은 구조를 볼 때에 태국어의 전치사는 기본적으로는 간접 목적어 앞에 오는 것을 알 수 있다. 그러나 동사의 종류에 따라 전치사의 위치가 달라질 수 있다. 다음 항에서는 이를 자세히 살펴보기로 한다.

1. 일반적인 전치사구의 위치

태국어에서 전치사구는 문장의 통사적 조건에 따라 여러 가지 위치에서 나타날 수 있다. 이를 자세히 살펴보면 다음과 같다.

1) 자동사 구문에서의 전치사구의 위치

(39)	**เขา**	**นั่ง**	**บน**	**เก้าอี้**
	khao	naŋ	bon	kaoʔi:
	그	앉다	위에	의자
	그는 의자 위에 앉았다.			

(40)	**น้อง**	**นอน**	**ใน**	**ห้อง**
	nɔ:ŋ	nɔ:n	naj	hɔ:ŋ
	동생	눕다	안에	방
	동생은 방 안에 누웠다.			

위의 문장에서 **บนเก้าอี้**/bonkaoʔi: / 와 **ในห้อง** / najhɔ:ŋ / 은 전치사구로서 동사의 뒤에 위치하고 있다. 이처럼 태국어에서 자동사 구문에서의 전치사구는 동사 뒤에 옴을 알 수 있다.

2) 타동사 구문에서의 전치사구의 위치

(41)	**น้อง**	**วาง**	**หนังสือ**	**บน**	**โต๊ะ**
	nɔ:ŋ	wa:ŋ	naŋsɯ:	bon	toʔ
	동생	놓다	책	위	탁자
	동생은 책을 탁자 위에 놓았다.				

(42)	**พี่**	**ซื้อ**	**ของ**	**จาก**	**เพื่อน**
	phi:	sɔ:n	kha:ŋ	ca:k	phɯan
	형	사다	물건	로부터	친구

형은 친구로부터 물건을 샀다.

위의 문장에서 **บนโต๊ะ** / bonto' / 와 **จากเพื่อน**/ ca:kphɯan / 은 전치사구로서 직접 목적어의 뒤에 위치하고 있다. 이처럼 태국어에서 타동사 구문에서의 전치사구는 목적어 뒤 혹은 부사적 기능을 가진 명사 앞에 옴을 알 수 있다.

3) 이중목적어 동사 구문에서의 전치사구의 위치

(43)	**เล็ก**	**สอน**	**หนังสือ**	**เด็ก**	**ใน**	**ห้อง**
	lek	sɔ:n	naŋsɯ:	dek	naj	hɔ:ŋ
	렉	가르치다	글	아이	안	방

렉은 방 안에서 아이에게 글을 가르친다.

(44)	**เขา**	**บอก**	**ข่าว**	**ฉัน**	**ที่**	**โรงเรียน**
	khao	bɔ:k	kha:w	chan	thi:	ro:ŋrian
	그	말하다	소식	나	에서	학교

그는 학교에서 나에게 소식을 말해 주었다.

위의 문장에서 **ในห้อง** / najhɔ:ŋ / 과 **ที่โรงเรียน** / thi:ro:ŋrian / 은 전치사구로서 간접 목적어 뒤에 위치하고 있다. 이처럼 태국어에서 이중목적어 동사 구문의 전치사구는 간접 목적어 뒤 혹은 부사적 명사 앞에 옴을 알 수 있다.

4) 특별한 동사 구문에서의 전치사구의 위치

(45)	**เขา**	**เห็น**	**แก่**	**เพื่อน**
	khao	hen	kɛ:	phɯan
	그	보다	을	친구

그는 친구를 위한다.

(46)	**เขา**	**หวังดี**	**ต่อ**	**เขา**
	rao	waŋdi:	tɔ:	khao
	우리	기대하다	에게	그

우리는 그에게 기대를 건다.

(47)	**แม่**	**ดี**	**กับ**	**เขา**	**มาก**
	mɛ:	di:	kap	khao	ma:k
	엄마	잘	와	그	많이

어머니는 그와 사이가 좋다.

위의 문장에서 **แก่** / kɛ: / , **ต่อ** / tɔ: / 그리고 **กับ** / kap / 은 전치사로서 동사의 뒤에 위치하고 있다. 이처럼 태국어에서 일부 특별한 동사 구문의 전치사구는 그 동사의 뒤에 옴을 알 수 있다.

태국어의 전치사는 여러 종류의 동사와 함께 쓰일 수 있다. 이때 전치사구의 위치는 고정적이 아니라 같이 사용하는 동사에 따라서 그 위치가 바뀔 수 있다. 예를 들면 다음과 같다.

(48)	**แดง**	**นอน**	**บน**	**เตียง**
	dɛ:ŋ	nɔ:n	bon	tiaŋ
	댕	눕다	위	침대

댕은 침대 위에 눕는다.

(49) เขา เขียน หนังสือ บน โต๊ะ
khao khian naŋsɯ: bon toˀ
그 쓰다 글 위 탁자
그는 탁자 위에서 글을 쓴다.

위의 예문에서 보는 바와 같이 전치사구 **บนเตียง** / bontiaŋ / 은 자동사와 같이 사용되는 경우에는 동사 뒤에 위치하고 있으나 타동사와 함께 사용되는 경우에 전치사구 **บนโต๊ะ** / bontoˀ / 는 목적어의 뒤에 위치한다.

2. 전치사 ให้ / haj / 의 문제

앞에서 본 바와 같이 태국어의 **ให้** / haj / 가 통사적으로 전치사와 같은 위치에 나타나는 까닭에 이를 전치사로 분석하는 경향이 있다. 본 항에서는 태국어의 **ให้** / haj / 를 전치사로 분석하는 기존의 연구를 살펴보면서 그 타당성 여부를 검토해 보기로 한다. 기존의 분석에 따르면 태국어의 **ให้** / haj / 는 다음과 같이 여러 가지 동사와 사용되면서 위치도 다르게 나타난다.

1) 자동사 구문에서 ให้ / haj / 의 위치

자동사 구문에서의 **ให้** / haj / 는 동사의 바로 뒤에 따라 나온다. 예를 들면 다음과 같다.

(50) แดง อาบน้ำ ให้ น้อง
dɛ:ŋ ˀa:pna:m haj nɔ:ŋ
댕 목욕하다 -주다 동생

댕은 동생에게 목욕을 시켜 주었다.

(51)	**นิต**	**พัด**	**ให้**	**ยาย**
	nit	phat	haj	ja:j
	닛	부치다	−주다	외할머니

닛은 외할머니에게 부채질을 해 주었다.

2) 타동사 구문에서의 ให้ / haj / 의 위치

타동사 구문에서의 **ให้** / haj / 는 동사 뒤에 나오는 명사구의 뒤에 위치한다. 예를 들면 다음과 같다.

(52)	**แดง**	**กวาด**	**บ้าน**	**ให้**	**แม่**
	dɛ:ŋ	kwa:t	ba:n	haj	mɛ:
	댕	쓸다	집	−주다	엄마

댕은 엄마를 위해 집 안을 쓸어 주었다.

(53)	**เขา**	**ทำ**	**กับข้าว**	**ให้**	**เด็ก**
	khao	tham	kapkha:w	haj	dek
	그	만들다	반찬	−주다	아이

그는 아이에게 반찬을 만들어 주었다.

3) 이중목적어 동사 구문에서의 ให้ / haj / 의 위치

이중목적어 동사구문에서의 **ให้** / haj / 의 위치는 두 가지로 나타날 수 있다. 첫째로는 동사의 뒤에 연이어 나타나는 두 개의 명사구의 뒤에 나타난다. 예를 들면 다음과 같다.

(54) **เขา รด น้ำ ต้นไม้ ให้ เพื่อน**
khao rot na:m tonma:jhaj phɯan
그 뿌리다 물 나무 −주다 친구
그는 친구를 위해 나무에 물을 주었다.

(55) **นิต เติม น้ำมัน รถ ให้ เขา**
nit tɤ:m na:mman rot haj khao
닛 채우다 기름 차 −주다 그
그는 그를 위해 자동차에 기름을 넣어 주었다.

둘째로 동사의 뒤에 바로 나오는 첫 번째 명사구의 뒤에 나타난다. 예를 들면 다음과 같다.

(56) **นิต แจก สตางค์ ให้ เพื่อน**
nit cɛ:k sata:ŋ haj phɯan
닛 나눠주다 돈 −주다 친구
닛은 친구에게 돈을 나누어 주었다.

(57) **เขา คืน หนังสือ ให้ ห้องสมุด**
khao khɯ:n naŋsɯ: haj hɔ:ŋamut
그 반납하다 책 −주다 도서관
그는 도서관에 책을 반납했다.

위의 예문에서 **ให้** / haj / 를 모두 전치사로 분석을 하고 있다. 그러나 이중목적어 동사구문에서의 **ให้** / haj / 의 문법적 기능은 단순하게 **ให้** / haj / 가 나타날 수 있는 문장 안에서의 위치만을 고려하여 분석한 결과이다. 이에 대해서는 문장 안에서 **ให้** / haj / 가 어떤 기능을 하는가를 검토하면서 자세히 논의하기로 한다.

3. 전치사 위치에 있는 ให้ / haj / 의 기능

앞에서 살펴본 바와 같이 태국어의 ให้ / haj / 가 전치사의 위치에 올 때 여러 가지 종류의 동사와 함께 사용되면서 문장 안에서 다양한 위치에 나타나고 있다. 어라타이(๒๕๑๓ : ๕๖-๖๓/ 1970: 56－63)는 이때의 ให้ / haj / 의 기능을 동사를 수식하는 부사구를 유도하는 기능과 부사적 기능을 하는 명사구를 유도하는 기능으로 분석하고 있다. 이를 자세히 살펴보면서 ให้ / haj / 의 기능에 대한 기존의 분석에 대한 타당성 여부를 검토하고 보다 합리적이고 설득력 있는 분석을 시도해 보기로 하자.

1) 동사를 수식하는 부사구를 유도하는 기능

태국어의 전치사 중에는 자동사, 타동사 그리고 이중목적어 동사 구문에 나타나면서 동사를 수식하는 수식어구의 일부를 이룰 수 있는 것들이 있다. 이때 전치사는 수식어구의 맨 앞자리에 오며 그 수식어구는 대개 장소 부사구의 성격을 갖는다. 예를 들면 다음과 같다.

－자동사 구문에서 사용되는 경우

(58)	**เขา**	**นอน**	**ที่**	**บ้าน**
	khao	nɔ:n	thi:	ba:n
	그	자다	에서	집
	그는 집에서 잔다.			

위의 문장에서 전치사구 **ที่บ้าน** / thi: ba:n / 은 자동사 **นอน** / nɔ:n / 을 수식하는 부사구의 기능을 하고 있다.

－타동사 구문에서 사용되는 경우

(59)	**เขา**	**ซ่อม**	**รองเท้า**	**ที่**	**ซ่น**	**บ่อย**
	khao	sɔ:m	rɔ:ŋha:w	thi:	son	bɔ:j
	그	고치다	구두	－을	굽	자주

그는 구두 굽을 자주 수리한다.

위의 문장에서 전치사구 **ที่ซ่น** / thi:son / 은 타동사 **ซ่อม** / sɔ:m / 을 수식하는 부사구의 기능을 하고 있다.

－이중목적어 동사 구문에서 사용되는 경우

(60)	**แดง**	**รด**	**น้ำ**	**ต้นไม้**	**ที่**	**โคนต้น**
	dɛ:ŋ	rot	na:m	tonma:j	thi:	kho:nton
	댕	뿌리다	물	나무	－에	뿌리

댕은 나무뿌리에 물을 준다.

위의 문장에서 전치사구 **ที่โคนต้น** / thi:kho:nton / 은 이중목적어 동사 **รด** / rot / 을 수식하는 부사구의 기능을 하고 있다.

태국어의 **ให้** / haj / 는 위와 같은 여러 가지 구문에서 전치사의 자리에 올 수 있다. 그 예를 들면 다음과 같다.

－자동사 구문에서 사용되는 경우

(61)	**แดง**	**ยิ้น**	**ให้**	**เพื่อน**
	dɛ:ŋ	jim	haj	phɯan
	댕	웃다	－주다	친구

댕은 친구에게 웃어 주었다.

－타동사 구문에서 사용되는 경우

(62)	**แม่**	**ตัด**	**เสื้อ**	**ให้**	**น้อง**
	mɛ:	tat	sɯa	haj	nɔ:ŋ
	어머니	자르다	옷	－주다	동생

어머니는 동생에게 옷을 만들어 주셨다.

－이중목적어 동사 구문에서 사용되는 경우

(63)	**เรา**	**รด**	**น้ำ**	**ต้นไม้**	**ให้**	**แม่**
	rao	rot	na:m	tonma:jhaj		mɛ:
	우리	뿌리다	물	나무	－주다	어머니

우리는 어머니를 위해 나무에 물을 주었다.

위에서 보는 바와 같이 태국어의 **ให้** / haj / 는 전치사와 같은 통사적 분포를 보이고 있다. 태국어가 고립어인 까닭에 통사적 분포와 기능은 밀접한 관계를 가지고 있는 것은 사실이다. 그러나 통사적 분포가 같다고 해서 반드시 기능이 같은 것은 아니다. 태국어의 전치사 위치에 나타나는 **ให้** / haj / 가 일반 전치사와 같은 기능을 하는지를 알아보기 위해 다음과 같은 시험을 해보기로 한다.

① 전치사 생략 시험

태국어에서 여격의 의미를 나타내는 전치사들은 생략이 가능한 반면에 전치사 자리에 오는 **ให้** / haj / 는 생략할 경우에 비문이 된다. 예를 들면 다음과 같다.

(64)	**เขา**	**พูด**	**กับ**	**เรา**
	khao	phu:t	kap	rao

그 말하다 에게 우리
그는 우리에게 말했다.

(64') เขา พูด เรา
khao phu:t rao
그 말하다 우리
그는 우리에게 말했다.

(65) ผม พูด กับ เขา เรื่องนี้ แล้ว
khao bɔ:k kap khao rɯaŋni: lɛ:w
나 말하다 에게 그 이 이야기 [완료]
나는 그에게 이 이야기를 말했다.

(65') ผม พูด เขา เรื่องนี้ แล้ว
khao bɔ:k khao rɯaŋni: lɛ:w
나 말하다 그 이 이야기 [완료]
나는 그에게 이 이야기를 말했다.

(66) แดง ถาม ต่อ ครู
dɛ:ŋ tha:m tɔ: khru:
댕 묻다 에게 선생님
댕은 선생님에게 물었다.

(66') แดง ถาม ครู
dɛ:ŋ tha:m khru:
댕 묻다 선생님
댕은 선생님에게 물었다.

위의 문장 (64') (65') (66')은 전치사를 생략했지만 모두 완전한 의미를 갖춘 문법적인 문장이 된다. 그러나 ให้ / haj / 가 사용된 앞의 예문에서 ให้ / haj / 를 생략하면 다음과 같이 비문이 된다.

(61') * แดง ยิ้ม เพื่อน
dɛ:ŋ jim phɯan
댕 웃다 친구
댕은 친구 웃어 주었다.

(62') * แม่ ตัด เสื้อ น้อง
mɛ: tat sɯa nɔ:ŋ
어머니 자르다 옷 동생
어머니는 동생의 옷을 만들어 주었다.

(63') * เรา รด น้ำ ต้นไม้ แม่
rao rot na:m tonam:j mɛ:
우리 뿌리다 물 나무 어머니
우리는 어머니 나무에 물을 주었다.

이상에서 보는 바와 같이 태국어의 ให้ / haj / 와 같은 통사적 분포를 갖는 여격의 전치사들은 생략이 되어도 문장의 의미가 완전한 정문이 되는 반면에 ให้ / haj /는 생략이 되는 경우에 의미가 불완전하여 비문이 된다. 이는 전치사 자리에 오는 ให้ / haj / 가 다른 전치사들과는 다른 기능을 하고 있다는 것을 반증하는 것이다.

② 전치사 뒤에 오는 명사구 소거 시험

태국어의 전치사 자리에 오는 ให้ / haj / 가 일반 전치사와 다른 점이 또 한 가지가 있다. 다른 전치사들은 뒤에 오는 명사구의 생략이 불가능한 데 비해 **ให้** / haj /는 뒤에 오는 명사구가 생략되어도 정문이 된다는 것이다. 앞의 예문에서 전치사 뒤에 오는 예문을 소거하여 보면 다음과 같다.

(64')	* **เขา**	**นอน**	**ที่**
	khao	nɔ:n	thi:
	그	자다	에서
	그는 -에서 잔다.		

(65')	* **เขา**	**ซ่อม**	**รองเท้า**	**ที่**	**บ่อย**
	khao	sɔ:m	rɔ:ŋtha:w	thi:	bɔ:j
	그	고치다	구두	-을	자주
	그는 구두 -을 자주 수선한다.				

(66')	* **แดง**	**รด**	**น้ำ**	**ต้นไม้**	**ที่**
	dɛ:ŋ	rot	na:m	tonma:j	thi
	댕	뿌리다	물	나무	-에
	댕은 나무 -에 물을 준다.				

(67)	**แดง**	**ยิ้ม**	**ให้**
	dɛ:ŋ	jim	haj
	댕	웃다	-주다
	댕은 웃어 주었다.		

(68)	**แม่**	**ตัด**	**เสื้อ**	**ให้**
	mɛ:	tat	sɯa	haj
	어머니	자르다	옷	-주다

어머니는 옷을 만들어 주셨다.

(69)	**เรา**	**รด**	**น้ำ**	**ต้นไม้**	**ให้**
	rao	rot	na:m	tonma:j	haj
	우리	뿌리다	물	나무	-주다
	우리는 나무에 물을 주었다.				

위에서 보는 바와 같이 일반 전치사들이 사용된 문장은 전치사 뒤에 오는 명사구가 생략되는 경우에 전치사로 끝나는 문장이 되며 의미가 불완전하므로 비문이 된다. 그러나 **ให้** / haj / 가 사용된 문장은 **ให้** / haj / 뒤에 오는 명사구가 생략되어도 의미가 완전한 정문이 된다는 것을 알 수 있다.

③ 전치사 뒤에 오는 명사구 이동 시험

태국어에서 전치사가 사용된 문장에서 전치사 뒤에 오는 명사구를 문장 내의 다른 곳으로 이동하거나 도치시킬 수 없다. 그러나 **ให้** / haj / 가 사용된 문장에서는 도치가 가능하다. 앞에서 나온 예문에서 전치사 뒤에 오는 명사구를 문장의 앞머리로 도치시켜 보면 다음과 같이 된다.

(70) *	**บ้าน**	**เขา**	**นอน**	**ที่**
	ba:n	khao	nɔ:n	thi:
	집	그	자다	에서
	집 그는-에서 잔다.			

(71) *	**ซ่น**	**เรา**	**ซ่อม**	**รองเท้า**	**ที่**	**บ่อย**
	son	khao	sɔ:m	rɔ:ŋtha:w	thi:	bɔ:j
	굽	그	고치다	구두	-을	자주

굽 그는 구두-을 자주 고친다.

(72)	*โคนต้น	แดง	รด	น้ำ	ต้นไม้	ที่
	kho:nton	dɛ:ŋ	rot	na:m	tonma:j	thi:
	뿌리	댕	뿌리다	물	나무	-에

뿌리 댕은 나무-에 물을 준다.

위의 예문에서 보는 바와 같이 일반 전치사 구문의 경우에 전치사의 뒤에 나타나는 명사구를 문장의 앞머리로 도치하는 경우에 비문이 된다. 그러나 ให้ / haj / 구문의 경우에는 비문이 되지 않는다. 다음의 예문을 보기로 하자.

(73)	เพื่อน	แดง	ยิ้ม	ให้
	phɯan	dɛ:ŋ	jim	haj
	친구	댕	웃다	-주다

친구에게 댕은 웃어 주었다.

(74)	น้อง	แม่	ตัด	เสื้อ	ให้
	nɔ:ŋ	mɛ:	tat	swa	haj
	동생	어머니	자르다	옷	-주다

동생에게 어머니는 옷을 만들어 주셨다.

(75)	แม่	เรา	รด	น้ำ	ต้นไม้	ให้
	mɛ:	rao	rot	na:m	tonma:j	haj
	어머니	우리	뿌리다	물	나무	-주다.

어머니를 위해 우리는 물을 주었다.

위에서 보는 바와 같이 태국어의 일반 전치사가 사용된 문장에서 전치사 뒤에 오는 명사구의 도치는 불가능하지만 ให้ / haj / 가 사용된 문장에서는 가능하다는 것을 알 수 있다.

이상에서 본 것처럼 태국어의 ให้ / haj / 가 전치사의 위치에 오는 경우에 다른 전치사들과 성격이 다르다. 여기에서 우리가 생각해 볼 수 있는 것은 태국어에서 전치사의 자리에 나타날 수 있는 ให้ / haj / 는 전치사가 아니며 본래의 의미인 '－주다'와 관련이 있는 다른 기능을 한다는 것이다. 즉 ให้ / haj / 가 독자적으로 사용되는 경우에는 이중목적어 동사지만 ให้ / haj / 앞에 주된 기능을 하는 주동사가 있는 경우에는 그 주동사의 의미를 보완해 주는 부동사로 보는 것이 보다 더 타당하다. 이를 뒷받침하기 위해 위의 예문이 대답이 될 수 있는 의문문을 만들어 보면 다음과 같다.

(76) a. แดง ยิ้ม ให้ ใคร
dɛːŋ jim haj khraj
댕 웃다 －주다 누구
댕은 누구에게 웃어 주었는가?

b. แดง ยิ้ม ให้ เพื่อน
dɛːŋ jim haj phɯan
댕 웃다 －주다 친구
댕은 친구에게 웃어 주었다.

(77) a. แม่ ตัด เสื้อ ให้ ใคร
mɛː tat sɯa haj khraj
어머니 자르다 옷 －주다 누구
어머니는 누구에게 옷을 만들어 주었는가?

b. แม่ ตัด เสื้อ ให้ น้อง

mɛ:	tat	sɯa	haj	nɔ:ŋ
어머니	자르다	옷	-주다	동생

어머니는 동생에게 옷을 만들어 주셨다.

(78) a.

เรา	รด	น้ำ	ต้นไม้	ให้	ใคร
rao	rot	na:m	tonma:j	haj	khraj
우리	뿌리다	물	나무	-주다	누구

우리는 누구를 위해 나무에 물을 주었나?

b.

เรา	รด	น้ำ	ต้นไม้	ให้	แม่
rao	rot	na:m	tonma:j	haj	mɛ:
우리	뿌리다	물	나무	-주다	어머니

우리는 어머니를 위해 나무에 물을 주었다.

문장 (76a)에서 ให้ / haj / 는 주동사 ยิ้ม / jim / 의 의미를 보완해 주고 있다. 즉 웃는 것이 누구에게 웃어 주는지를 서술하고 있으며 마찬가지로 문장 (77a)에서 ให้ / haj / 는 옷을 맞춘 것이 누구에게 맞추어 주는 것인지를, 그리고 문장 (78a)에서는 나무에게 물을 준 것이 누구 대신에 혹은 누구를 위하여 주는 것인지를 상술하고 있다. 이는 우리말의 수혜 보조 동사 '-주다' 또는 '-드리다'와 대응되는 것으로 '-을 위해서'라는 뜻을 드러내는 봉사의 의미를 갖는다.(서정수 1996: 332-333) 태국어의 부동사 ให้ / haj / 도 주동사의 행위가 어떤 이에게 이로움이나 혜택을 주는 봉사의 의미를 나타낸다.

이상에서 살펴본 바와 같이 전치사의 자리에 오는 ให้ / haj / 는 앞에 있는 주동사와는 항상 같이 나타나지만 뒤에 오는 명사구와는 얼마든지 분리가 가능하다. 즉 뒤에 오는 명사구는 생략되거나 소거될 수 있는 것이다. 또 의미상으로도 주동사가 행하는 행위가 누구를 위한 것인가를 상술함으로써 주동사의 의미를 보완하고 있다. 이러한 점에서 볼 때 태국어에서 전치사의 위치에 나타나는 **ให้** / haj / 는 통사적 분포가 우연히 전치사와 같기는 하지만 동사를 수식하는 부사구를 유도하는 전치사라기보다는 봉사의 의미를 드러내어 주동사의 의미를 보완해 주는 부동사로 분석하는 것이 더 합리적이고 타당성이 있다는 것을 알 수 있다.

2) 부사적 기능을 하는 명사구를 유도하는 기능

태국어의 이중목적어 동사구문에서 전치사가 간접 목적어의 역할을 하는 명사구를 유도하는 경우가 있다. 예를 들면 다음과 같다.

(79) **เขา** **แจ้ง** **ข่าว** **แก่** **หัวหน้า**
khao cɛ:ŋ kha:w kɛ: huana:
그 통보하다 소식 에게 반장
그는 반장에게 소식을 알렸다.

(80) **ครู** **บอก** **คะแนน** **กับ** **นักเรียน**
khru: bɔ:k khanɛ:n kap nakrian
선생 말하다 성적 에게 학생
선생님은 학생에게 성적을 말해 주었다.

위의 문장 (79)에서 전치사 **แก** / kɛ: / 는 부사적 기능을 하는 간접 목적어 **หัวน้า** / huana: / 를 유도하고 있으며 문장 (80)에서 전치사 **กับ** / kap / 은 마찬가지로 부사적 기능을 하는 간접 목적어 **นักเรียน** / nakrian / 을 유도하고 있다.

전치사의 위치에 나타나는 **ให้** / haj / 가 위의 예문에서 **แก่** / kɛ: / 나 **กับ** / kap / 을 대신할 수 있다. 앞의 예문에 **ให้** / haj / 로 대치하여 나타내 보면 다음과 같다.

(79') เขา แจ้ง ข่าว ให้ หัวหน้า
khao cɛ:ŋ kha:w haj huana:
그 통보하다 소식 －주다 반장
그는 반장에게 소식을 알렸다.

(80') ครู บอก คะแนน ให้ นักเรียน
khru: bɔ:k khanɛ:n haj nakrian
선생 말하다 성적 －주다 학생
선생님은 학생에게 성적을 말해 주었다.

태국어의 ให้ / haj / 가 전치사의 위치에 나타날 수 있고 다른 전치사와 대치될 수 있다는 점에서 ให้ / haj / 를 전치사로 분석하는 것은 언뜻 보기에는 그럴듯하다. 그러나 엄밀히 따져 보면 매우 부적절한 분석이다. 우선 앞에서 사용한 전치사 생략 시험 및 전치사 뒤에 오는 명사구 소거 시험 그리고 전치사 뒤에 오는 명사구의 도치 시험을 해 보기로 한다.

① 전치사 생략 시험

위의 예문에서 전치사를 소거한다고 해도 문장은 모두 정문이 될 수 있다. 이는 태국어에서 어순이 곧 기능을 나타내기 때문에 명사구의 순서에 따라 직접 목적어와 간접 목적어의 기능이 구분되기 때문이다.

(81) เขา แจ้ง ข่าว หัวหน้า
khao cɛ:ŋ kha:w huana:
그 통보하다 소식 반장
그는 반장에게 소식을 알렸다.

(82) **ครู** **บอก** **คะแนน** **นักเรียน**
khru: bɔ:k khanɛ:n nakrian
선생 말하다 성적 학생
선생님은 학생에게 성적을 말해 주었다.

태국어의 이중목적어 동사 구문에서 직접 목적어와 간접 목적어의 구분은 동사 뒤에 바로 따라 나오는 명사구가 직접 목적어이며 그 명사구 다음에 나오는 또 하나의 명사구가 간접 목적어이다. 따라서 태국어에서 격표지 없이도 문장 안에서의 순서에 따라 그 기능을 나타낼 수 있다. 그러므로 이중목적어 동사 구문에서 전치사는 상황에 따라 생략될 수 있다. 위의 예문에서 전치사를 소거한다고 해도 문장은 모두 정문이 될 수 있는 것은 이 때문이다. 그러나 **ให้** / haj / 가 전치사 위치에 오고 다른 전치사와 같이 생략이 가능하다고 해서 이때의 **ให้** / haj / 가 전치사의 기능을 하는 것으로 단정하기는 어렵다. 다음의 예문을 보기로 하자.

(83) a. **เขา** **แจ้ง** **ข่าว** **หัวหน้า**
khao cɛ:ŋ kha:w huana:
그 통보하다 소식 반장
그는 반장에게 소식을 알렸다.

b. **เขา** **แจ้ง** **ข่าว** **แก่** **หัวหน้า**
khao cɛ:ŋ kha:w kɛ: huana:
그 통보하다 소식 에게 반장
그는 반장에게 소식을 알렸다.

c. **เขา** **แจ้ง** **ข่าว** **ให้** **หัวหน้า**
khao cɛ:ŋ kha:w haj huana:
그 통보하다 소식 -주다 반장

그는 반장에게 소식을 알려 주었다.

위의 세 문장은 같은 의미를 가지고 있는 것처럼 보인다. 그러나 문장 (83a)와 문장 (83b)는 같은 의미를 가지고 있으나 문장 (83c)는 다른 두 문장과 의미가 조금 다르다. 문장 (83a)와 문장 (83b)에서 간접 목적어인 **หัวหน้า** / huana: / 는 단순하게 소식을 듣는 사람이지만 문장 (83c)에서의 **หัวหน้า** / huana: / 는 소식을 알려 주는 '봉사'를 받는 사람이 된다. 이는 다음의 전치사 뒤에 오는 명사구 소거 및 도치 시험에서 더욱 확실하게 드러난다.

② **전치사 뒤에 오는 명사구 소거 시험**

앞에서 언급한 바와 같이 태국어에서 전치사 다음에 나오는 명사구는 소거될 수 없다. 이중목적어 동사 구문에서도 마찬가지이다. 앞의 예문에서 전치사 뒤에 오는 명사구를 소거하여 나타내 보면 다음과 같다.

(84) * **เขา** **แจ้ง** **ข่าว** **แก่**
khao cɛ:ŋ kha:w kɛ:
그 통보하다 소식 에게
그는 -에게 소식을 알렸다.

(85) * **ครู** **บอก** **คะแนน** **กับ**
khru: bɔ:k khanɛ:n kap
선생 말하다 성적 에게
선생님은-에게 성적을 말해 주었다.

(86) **เขา** **แจ้ง** **ข่าว** **ให้**
khao cɛ:ŋ kha:w haj

그	통보하다	소식	-주다

그는 소식을 알려 주었다.

(87)

ครู	**บอก**	**คะแนน**	**ให้**
khru:	bɔ:k	khanɛ:n	haj
선생	말하다	성적	-주다

선생님은 성적을 말해 주었다.

위에서 보는 바와 같이 **ให้** / haj / 가 사용된 문장에서 뒤에 오는 명사구가 소거되어도 정문이 되는 이유는 **ให้** / haj / 가 간접 목적어인 명사구를 유도하는 전치사가 아니라 앞에 나오는 주동사의 의미를 보충하는 부동사이기 때문이다.

③ 전치사 뒤에 오는 명사구 이동 시험

태국어에서 전치사 뒤에 오는 명사구를 문장의 앞머리로 옮길 수 없다. 이는 전치사구의 전치사와 명사구는 분리될 수 없기 때문이다. 즉 태국어에서는 전치사 좌초(preposition stranding)를 허락하지 않기 때문이다. 앞의 예문에서 전치사 뒤에 오는 명사구를 문장의 앞머리로 도치시켜 보면 다음과 같다.

(88) *

หัวหน้า	**เขา**	**แจ้ง**	**ข่าว**	**แก่**
huana:	khao	cɛ:ŋ	kha:w	kɛ:
반장	그	통보하다	소식	에게

반장 그는 에게 소식을 알렸다.

(89) *

นักเรียน	**ครู**	**บอก**	**คะแนน**	**กับ**
nakrian	khru:	bɔ:k	khanɛ:n	kap

학생 선생 말하다 성적 에게
학생 선생님은 에게 성적을 말해 주었다.

(90) หัวหน้า เขา แจ้ง ข่าว ให้
huana: khao cɛ:ŋ kha:w haj
반장 그 통보하다 소식 －주다
반장에게 그는 소식을 알려 주었다.

(91) นักเรียน ครู บอก คะแนน ให้
nakrian khru: bɔ:k khanɛ:n haj
학생 선생 말하다 성적 －주다
학생에게 선생님은 성적을 말해 주었다.

전치사 뒤에 나오는 명사구의 이동 시험에서도 나타나는 바와 같이 ให้ / haj / 는 전치사라기보다는 부동사로 분석하는 것이 여러 가지로 합리적이다. 이중목적어 동사구문에서 ให้ / haj / 가 전치사가 아니라는 근거는 또 하나 있다. 전치사가 แก่ / kɛ: / 와 กับ / kap / 이 사용된 위의 예문에 다시 ให้ / haj / 를 삽입시킬 수 있다는 것이다. 위의 예문에 ให้ / haj / 를 삽입시켜 나타내 보면 다음과 같다.

(90') เขา แจ้ง ข่าว ให้ แก่ หัวหน้า
khao cɛ:ŋ kha:w haj kɛ: huana:
그 통보하다 소식 －주다 에게 반장
그는 반장에게 소식을 알려 주었다.

(91') ครู บอก คะแนน ให้ กับ นักเรียน
khru: bɔ:k khanɛ:n haj kap nakrian
선생 말하다 성적 －주다 에게 학생

선생님은 학생에게 성적을 말해 주었다.

앞의 예문에서 แก่ / kɛ: / 와 กับ / kap / 은 간접 목적어 앞에 위치하는 전치사이다. 그러나 ให้ / haj / 는 앞에 있는 주동사의 의미를 보충하여 주는 부동사이다. 이와 같이 이중목적어 동사 구문에서 나타나는 ให้ / haj / 는 간접 목적어인 명사구를 유도하는 전치사가 아니라 주동사와 함께 쓰이면서 봉사의 의미를 나타내 주는 부동사임을 알 수 있다.

Ⅲ. 부동사 기능

태국어에서 동사 뒤에 따라 나오는 또 하나의 동사가 있는데 이를 부동사라고 한다. 이때 주된 의미는 앞에 있는 주동사에 있으며 부동사에는 강세가 없다. 위찐 (๒๕๑๗: ๖๐－๖๑ / 1984: 60－61)이 제시하는 대표적인 부동사의 예를 보기로 하자.

(92)	อย่า	ลืม	หยิบ	ไป	ด้วย	นะ
	ja:	lɯ:m	ji:p	paj	duaj	naʔ
	마라	잊다	집다	가다	도	[어조사]

잊지 말고 집어 가라.

(93)	เขา	เดิน	มา	แล้ว
	khao	dɤ:n	ma:	lɛ:w
	그	걷다	오다	[완료]

그가 걸어 왔다.

(94) **เก็บ ไว้ ใน ตู้**
kep wa:j naj tu:
모으다 두다 안에 장
옷장 안에 보관해 두어라.

(95) **พูด เสีย สิ**
phu:t sia si?
말하다 버리다 [어조사]
말해 봐라.

위에서 보는 바와 같이 문장 (92)−(95)의 **ไป** / paj /, **มา** / ma: /, **ไว** / wa:j /, **เสีย** / sia / 등은 부동사로서 주동사의 동작의 방향이나 행위에 대한 결과를 나타낸다.

1. 태국어 부동사의 특징

부동사는 술부의 일부로써 주동사 뒤에 위치하며 주동사가 타동사인 경우에는 목적어 다음에 나타난다. 예를 들면 다음과 같다.

(96) **แดง เดิน ไป**
dɛ:ŋ dɤ:n paj
댕 걷다 가다
댕이 걸어간다.

(97) **เขา ทิ้ง หนังสือ ไป**
khao thiŋ naŋsɯ: paj

그는 버리다 책 가다
그는 책을 버렸다.

위의 문장 (96)에서 **แดง**/dɛ:ŋ/은 주어이며 **เดินไป** / dɤ:npaj / 는 술어이다. 이 중에 **เดิน** / dɤ:n / 은 주동사이고 **ไป** / pa / 는 부동사로서 **เดิน** / dɤ:n / 의 의미를 보충하고 있다. 문장 (97)에서 **เขา** / khao / 는 주어이며 **ทิ้ง** / th:ŋ/ − **ไป** / paj / 는 술어이다. **หนังสือ** / naŋsɯ: / 는 목적어로 부동사 **ไป** / pa / 가 목적어 뒤에 오게 되므로 주동사와 부동사 사이에 위치한다.

2. 부동사 ให้ / haj /

태국어의 **ให้** / haj /가 본동사의 뒤에 나타나면서 부동사의 기능을 할 수 있다. 이때 다른 동사와 마찬가지로 주동사의 목적어를 갖는 경우에는 그 목적어가 주동사와 부동사 **ให้** / haj / 사이에 위치하게 된다.

1) 부동사 ให้ / haj / 의 기능

태국어의 부동사 **ให้** / haj / 는 수동적인 의미로 사용되는 것으로 분석되어 왔다.(위찐**๒๕๒๗: ๖๑** / 1984: 61) 예를 들면 다음과 같다.

(98) **เดี๋ยว** **เพื่อน** **ตี** **ให้**
diaw phɯan ti: haj
이제 친구 때리다 −주다
그러다가 친구에게 맞는다.

(99) ระวัง เขา จะ ว่า ให้ อีก
rawaŋ khao caʔ wa: haj ʔi:k
조심 그 [미래] 책망하다 -주다 또
조심해 그에게 또 책망 들을라.

앞에서 살펴본 바와 같이 ให้ / haj / 가 봉사의 의미를 나타내는 부동사의 기능을 하는 경우가 있다. 예를 다시 들어 보기로 하자.

(100) ครู จะ บอก ให้
khru: caʔ bɔ:k haj
선생 [미래] 말하다 -주다
선생님이 말해 주마.

(101) ฉัน จะ ถาม เรื่องนี้ ให้
chan caʔ tha:m rɯaŋni: haj
나 [미래] 묻다 이 이야기 -주다
내가 이 일을 물어봐 줄게.

위의 문장의 의미는 앞의 예문들과 달리 의미가 '수동적으로 당하는' 것은 아니며 행위자의 행위에 의해 봉사를 받는 의미가 있다. 그러나 위의 예문 (101)-(102)의 통사적 구조는 앞의 것들과 전혀 다르지 않다. 이러한 점에서 볼 때 본래의 ให้ / haj / 가 지닌 부동사의 기능을 수동적으로 당하는 의미에 한정하는 것은 수정되어야 한다. 부동사 ให้ / haj / 가 보이는 통사적 분포를 살펴보면 이와 같은 사실은 더욱 명백해진다.

2) 부동사 ให้ / haj / 의 통사적 분포

일반적으로 태국어의 부동사는 자동사와 타동사 그리고 이중목적어 동사와 모두 같이 사용할 수 있다. 예를 들면 다음과 같다.

(102)	นิด	วิ่ง	มา		
	nit	wiŋ	ma:		
	닛	달리다	오다		
	닛이 달려온다.				

(103)	เขา	ทิ้ง	หนังสือ	ไป	
	khao	thiŋ	nanŋsɯ:	paj	
	그	버리다	책	가다	
	그는 책을 버렸다.				

(104)	เขา	บอก	ความจริง	ไป	แล้ว
	khao	bɔ:k	khwa:mciŋ	paj	l?w
	그	말하다	사실	가다	[완료]
	그는 사실을 말했다.				

그런데 기존의 연구에서는 부동사 ให้ / haj / 는 자동사 구문에 나타나지 못하는 것으로 분석되어 왔다. 부동사 ให้ / haj / 의 본래의 의미가 '－주다'이며 따라서 부동사 ให้ / haj / 는 타동사 구문에서만 사용될 수 있다는 것이다.(어라타이 ๒๕๑๓ : ๕๖-๖๓/ 1970: 169－170) 이러한 예를 들면 다음과 같다.

(105)	ครู	จะ	หัก	คะแนน	ให้	อีก	นะ
	khru:	caʔ	hak	khanɛ:n	haj	ʔi:k	naʔ
	선생님	[미래]	깎다	성적	－주다	더	[어조사]
	선생님이 더 감점을 시키겠다.						

그러나 부동사 **ให้** / haj / 의 정의에서 수동적으로 당하는 의미를 나타낸다는 제약에서 벗어나 봉사의 의미를 갖는 **ให้** / haj / 를 포함시킬 경우에 자동사와 이중목적어 동사 구문에서도 나타날 수 있다. 다음의 예를 보자.

(106)	**เขา**	**ยิ้ม**	**ให้**	**ฉัน**		
	khao	jim	haj	chan		
	그	웃다	−주다	나		
	그는 나에게 웃어 주었다.					

(107)	**แดง**	**นอน**	**ให้**	**เป็น**	**เพื่อน**	**ยาย**
	dɛ:ŋ	nɔ:n	haj	pen	phɯan	ja:j
	댕	자다	−주다	으로	친구	외할머니
	댕은 외할머니 잠자리 친구가 되어 주었다.					

(108)	**ฉัน**	**จะ**	**ถาม**	**เรื่องนี้**	**ให้**	**เธอ**
	chan	caˀ	tha:m	rɯaŋni:	haj	thɤ:
	나	[미래]	묻다	이 일	−주다	너
	내가 너를 위해 이 일을 물어 봐 줄게.					

문장 (106)에서 **ให้** / haj / 는 자동사인 **ยิ้ม** / jim / 의 부동사이며 문장 (107)의 **ให้** / haj / 는 자동사인 **นอน** / nɔ:n / 의 부동사이다. 그리고 문장 (108)에서의 **ให้** / haj / 는 이중목적어 동사인 **ถาม** / tha:m / 의 부동사 기능을 하고 있다.

다음에는 부동사 **ให้** / haj / 뒤에 나타날 수 있는 문장 성분들에는 어떤 것이 있는지를 알아보기로 한다. 태국어의 부동사 뒤에는 다음과 같은 문장성분들이 나타날 수 있다.

① 부 사

부동사 다음에 부사가 오는 문장을 예로 들면 다음과 같다.

(109)	เรา	จะ	ส่ง	ให้	อีก
	rao	caˀ	soŋ	haj	ˀi:k
	우리	[미래]	보내다	-주다	다시

우리가 다시 보내 줄게.

(110)	เขา	คง	บอก	ให้	กระมัง
	khao	khoŋ	bɔ:k	haj	kramaŋ
	그	아마도	말하다	-주다	아마도

그가 아마 말해 주었을 거야.

② 전치사구

부동사 다음에 전치사구가 오는 문장을 예로 들면 다음과 같다.

(111)	แดง	ต่อย	ดำ	ให้	ที่	ตา
	dɛ:ŋ	tɔ:j	dam	haj	thi:	ta:
	댕	때리다	담	-주다	-을	눈

댕은 담을 눈을 때려 주었다.

(112)	ฉัน	จะ	คืน	ให้	ที่	ห้องสมุด
	chan	caˀ	khɯ:n	haj	thi:	hɔ:ŋamut
	나	[미래]	반납하다	-주다	-에	도서관

나는 책을 도서관에 반납하겠다.

③ 후치 조동사

부동사 다음에 후치 조동사가 오는 문장을 예로 들면 다음과 같다.

(113)	**คืน**	**หนังสือ**	**ให้**	**แล้ว**
	khɯ:n	naŋsɯ:	haj	lɛ:w
	반납하다	책	-주다	[완료]
	책을 반납했다.			

(114)	**ปอก**	**กล้วย**	**ให้**	**แล้ว**
	pɔ:k	kluaj	haj	lɛ:w
	벗기다	바나나	-주다	[완료]
	바나나를 벗겨 주었다.			

④ 어조사

부동사 다음에 어조사가 오는 문장을 예로 들면 다음과 같다.

(115)	**ยิ้ม**	**ให้**	**สิ**
	jim	haj	si?
	웃다	-주다	[어조사]
	웃어 주렴.		

(116)	**จะ**	**รด**	**น้ำ**	**ต้นไม้**	**ให้**	**นะ**
	ca?	rot	na:m	tonma:j	haj	na?
	[미래]	뿌리다	물	나무	-주다	[어조사]
	나무에 물을 주마.					

3) 부동사 구문의 통사적 구조

태국어의 부동사는 여러 가지 문장구조에서 사용될 수 있다. 따라서 부동사 구문의 통사적 구조도 다음과 같이 다양하게 나타난다.

① 자동사 구문 (S) Vi

(117) **เขา ยิ้ม ให้ น้อง**
khao jim haj nɔ:j
그 웃다 -주다 동생
그는 동생에게 웃어 주었다.

(118) **ยิ้ม ให้ หน่อย**
jim haj nɔ:j
웃다 -주다 좀
좀 웃어 주세요.

② 타동사 구문 (S) Vt O

(119) **แดง เย็บ เสื้อ ให้ ลูก**
dɛ:ŋ jep sɯa haj lu:k
댕 꿰매다 옷 -주다 자식
댕은 자식에게 옷을 꿰매 주었다.

(120) **ช่วย กวาด บ้าน ให้ ฉัน ที่**
chuaj kwa:t ba:n haj chan thi:
돕다 쓸다 집 -주다 나 [어조사]
나를 도와서 집 안 좀 쓸어다오.

③ 이중목적어 동사 구문(S) Vtt O I

(121)	**นิด**	**รด**	**น้ำ**	**ต้นไม้**	**ให้**	**แม่**	**แล้ว**
	nit	rot	na:m	tonma:j	haj	mɛ:	lɛ:w
	닛	뿌리다	물	나무	-주다	엄마	[완료]

닛은 엄마를 위해 나무에 물을 주었다.

(122)	**ป้อน**	**ข้าว**	**น้อง**	**ให้**	**ฉัน**	**ที่**
	pɔ:n	kha:w	nɔ:ŋ	haj	chan	thi:
	먹이다	밥	동생	-주다	나	[어조사]

나를 위해 동생에게 밥을 먹여다오.

이상에서 보는 바와 같이 부동사 **ให้** / haj / 가 자동사 구문에서 사용되는 경우에는 동사 뒤에 나타나며 타동사 구문에서 사용되는 경우에는 목적어 뒤에 나타난다. 그리고 이중목적어 동사 구문에서 사용되는 경우에는 간접 목적어의 앞이나 뒤에 나타남을 알 수 있다.

Ⅳ. 동사 연결어 기능

태국어의 **ให้** / haj / 가 동사 연결어의 기능을 한다는 견해는 Vichin (1970: 164-165)과 어라타이(**๒๕๑๓: ๓**1970: 3) 등에 의해 제시되었다. 그 내용을 살펴보면 다음과 같다.

(123) นั่ง ให้ สบาย
nan haj saba:j
앉다 [동사연결] 편하다
편히 앉으세요.

(124) ควร คิด ให้ ดี
khuan khit haj di:
[필요] 생각하다 [동사연결] 잘
잘 생각할 필요가 있다.

(125) จะ ซื้อ ไป ให้ พอ
ca: sɯ: paj haj phɔ:
[미래] 사다 가다 [동사연결] 충분히
충분히 사 가야겠다.

위의 예문에서 보는 바와 같이 ให้ / haj / 가 동사와 동사 사이에 위치하고 있다. 이때 동사와 동사를 연결시켜 주는 동사 연결어 기능을 한다고 보는 것이다. 이때의 ให้ / haj / 에는 강세가 오지 않는다. 그러나 문장 (123)−(125)에서 ให้ / haj / 의 기능은 ให้ / haj / 의 뒤에 오는 성분을 부사화시켜 주는 부사화소의 기능을 하고 있다. 따라서 이때의 ให้ / haj / 는 부사화소로 분석할 수 있다. ให้ / haj / 를 동사 연결어로 분석하는 경우에는 지극히 제한적인 조건에서 나타나는 형태상의 분석이므로 좀 더 포괄적으로 분석할 수 있는 방법이 필요하다. 기존의 분석에서 동사 연결어의 설명에 따르자면 다음과 같은 통사적 조건을 가져야 한다.

1) 선행 동사가 타동사거나 이중목적어 동사일 경우에는 선행 동사와 ให้ / haj / 사이에 다른 요소가 삽입되어서는 안 된다. 따라서 다음

의 경우에는 **ให้**/ haj / 가 동사 연결어의 기능을 한다고 볼 수 없다.

(126)

ควร	**คิด**	**เรื่องนี้**	**ให้**	**ดี**
khuan	khit	rɯaŋni:	haj	di:
[필요]	생각하다	이 일	－게	잘

이 일을 잘 생각할 필요가 있다.

(127)

จะ	**ซื้อ**	**ไป**	**ที่**	**บ้าน**	**ให้**	**พอ**
ca:	sɯ:	paj	thi:	ba:n	haj	phɔ:
[미래]	사다	가다	에	집	－게	충분히

집에 충분히 사 가야겠다.

2) 선행 동사가 타동사이거나 이중목적어 동사일 때 **ให้** / haj / 와 후행 동사 사이에 다른 요소가 삽입되어서는 안 된다. 따라서 다음과 같은 경우에도 **ให้** / haj / 는 동사 연결어의 기능을 하는 것으로 볼 수 없다.

(128)

เขา	**ต้องการ**	**ให้**	**ฉัน**	**นั่ง**
khao	tɔ:ŋka:n	haj	chan	naŋ
그	원하다	[보문소]	나	앉다

그는 나를 앉히기를 원했다.

(129)

สั่ง	**ให้**	**เขา**	**ยืน**
saŋ	haj	khao	jɯ:n
시키다	[보문소]	그	서다

그를 서게 시켜라.

(130)

นิด	**บอก**	**แดง**	**ให้**	**กลับบ้าน**
nit	bɔ:k	dɛ:ŋ	haj	klapba:n

닛 말하다 댕 [보문소] 귀가하다
닛은 댕에게 귀가하도록 말했다.

위의 문장 (128)-(130)에서 ให้ / haj / 는 하위문을 유도하는 기능을 하고 있다. 이때 하위문은 상위문의 동사의 보충어 또는 부가어(adjunct)의 기능을 한다. 이에 대한 자세한 논의는 3항에서 하기로 한다.

이상에서 살펴본 바와 같이 기존의 분석에서 태국어의 ให้ / haj / 가 동사 연결어의 기능을 하는 경우에는 ให้ / haj / 가 동사 사이에 위치하고 있어야 하며 이러한 위치를 벗어나는 경우에는 ให้ / haj / 의 성격과 기능이 달라짐을 알 수 있다. 그러나 이렇게 까다로운 조건을 내세워 ให้ / haj / 의 기능을 동사 연결어로 따로 구분하는 데 대한 필요성을 설명하기 어렵다. 따라서 ให้ / haj / 의 뒤에 성분이 상위문 동사의 보충어인 경우에는 보문소로 분석하고 부가어인 경우에는 부사화소로 분석하는 것이 좀 더 포괄적이고 간결한 기술이 될 수 있다. 이에 대한 상세한 분석은 제4장에서 하기로 한다.

Ⅴ. 조동사의 기능

태국어의 조동사는 문장 안에서 나타나는 위치가 다양하며 부정사 ไม่ / maj / 가 삽입되는 위치도 제각기 다르다. 부정사 ไม่ / maj / 는 태국어의 조동사를 판별하는 중요한 기준이 된다. 본 항에서는 태국어 조동사의 위치와 ไม่ / maj / 의 위치와 관련하여 살펴보기로 한다.

1. 조동사의 위치

태국어의 조동사는 문장 안에서 나타나는 위치에 따라 전치 조동사와 후치 조동사로 나눌 수 있다. 동사의 앞에 나타나는 조동사를 전치 조동사라 하고 동사의 뒤에 오는 조동사를 후치 조동사라고 한다.

1) 전치 조동사

전치 조동사는 다음과 같이 동사의 앞에 나타나는 조동사를 말한다.

(131)	**ฝน**	**เพิ่ง**	**ตก**
	fon	phɤ:ŋ	tok
	비	[완료]	떨어지다
	비가 막 온다.		

(132)	**น้า**	**เคย**	**ไป**	**เกาหลี**
	na:	khɤ:j	paj	khaoli:
	이모	[경험]	가다	한국
	이모는 한국에 간 적이 있다.			

2) 후치 조동사

태국어에서 후치 조동사는 **อยู่** / ju: /, **แล้ว** / lɛ:w /, **อยู่แล้ว** / ju:lɛ:w / 뿐이다. 이들이 사용되는 문장을 예를 들면 다음과 같다.

(133)	**ฝน**	**ตก**	**อยู่**
	fon	tok	ju:

비 떨어지다 [진행]
비가 오고 있다.

(134) **น้า ไป ทำงาน แล้ว**
na: paj thamŋa:n lɛw
이모 가다 일하다 [완료]
이모는 출근하셨다.

(135) **แดง ต้อง มา อยู่ แล้ว**
dɛ:ŋ tɔ:ŋ ma: ju: lɛ:w
댕 [의무] 오다 있다 [완료]
이모는 꼭 오게 되어 있다.

2. 조동사와 부정사 ไม่ / maj / 의 위치

태국어의 부정문에서 부정사 ไม่/ maj / 는 조동사의 종류에 따라 앞이나 뒤에 삽입하며 일부 조동사는 앞과 뒤에 모두 삽입될 수 있다. 예를 들면 다음과 같다.

1) 부정사 ไม่ / maj / 가 조동사 앞에 오는 경우

(136) **กับข้าว น่า กิน จัง**
kapkha:w na: kin caŋ
반찬 -함직하다 먹다 매우
반찬이 매우 먹음직스럽다.

(137)	กับข้าว	ไม่	น่า	กิน	เลย
	kapkha:w	maj	na:	kin	lɤ:j
	반찬	아니	-함직하다	먹다	아주

반찬이 아주 먹음직스럽지 않다.

2) 부정사 ไม่ / maj / 가 조동사 뒤에 오는 경우

(138)	ฉัน	จะ	ไป	ตลาด
	chan	caʔ	paj	tala:t
	나	[미래]	가다	시장

나는 시장에 가겠다.

(139)	ฉัน	จะ	ไม่	ไป	ตลาด
	chan	caʔ	maj	paj	tala:t
	나	[미래]	아니	가다	시장

나는 시장에 가지 않겠다.

3) 부정사 ไม่ / maj / 가 조동사의 앞과 뒤에 모두 올 수 있는 경우

(140)	เขา	เคย	ไม่	สนใจ	เรา
	khao	khɤ:j	maj	soncaj	rao
	그	[경험]	아니	관심갖다	우리

그는 우리에게 관심을 갖지 않은 적이 있다.

(141)	เขา	ไม่	เคย	สนใจ	เรา
	khao	maj	khɤ:j	soncaj	rao
	그	아니	[경험]	관심갖다	우리

그는 우리에게 관심을 가진 적이 없다.

3. 조동사 ให้ / haj / 의 문제

태국어의 ให้ / haj / 가 사동의 의미를 표현하는 조동사로 분석하는 경우에 전치 조동사에 속한다고 볼 수 있다. 그러나 ให้ / haj / 가 사용된 문장에서 부정사 ไม่ / maj / 의 위치는 다른 조동사들과 다르다. 그 예를 들면 다음과 같다.

(142)	แม่	จะ	ให้	น้อง	ไป	ซื้อ	ขนม
	mɛ:	caʔ	haj	nɔ:ŋ	paj	sɯ:	khanom
	어머니	[미래]	[사동]	동생	가다	사다	과자

어머니는 동생에게 과자를 사오게 하실 것이다.

(143)	แม่	จะ	ไม่	ให้	น้อง	ไป	ซื้อ	ขนม
	mɛ:	caʔ	maj	haj	nɔ:ŋ	paj	sɯ:	khanom
	어머니	[미래]	아니	[사동]	동생	가다	사다	과자

어머니는 동생에게 과자를 사오게 하지 않으실 것이다.

(144)	แม่	จะ	ให้	น้อง	ไม่	ไป	ซื้อ	ขนม
	mɛ:	caʔ	haJ	nɔ:ŋ	maj	paj	sɯ:	khanom
	어머니	[미래]	[사동]	동생	아니	가다	사다	과자

어머니는 동생에게 과자를 사오지 않게 하실 것이다.

위에서 보는 바와 같이 ให้ / haj / 구문이 부정문으로 나타나고 부정사 ไม่ / maj / 를 뒤에 삽입하는 경우에 ให้ / haj / 가 속해 있는 절과는 별개의 다른 절 안의 동사 앞에 삽입하게 된다. 이는 다른 조동사들과는 다른 형태를 보이는 것이다. ให้ / haj / 의 이러한 통사적 분포는 ให / haj / 가 조동사가 아니라 일반 타동사로 절을 보충어로 취하기 때문이다. 문장 (143)에서 ให / haj / 는 상위문의 술어이며 ไป / paj / 는 하위문의 술어이다. 태국어의 전통 문법에서는 ให้ / haj / 를 조동사로 분류하고 있지만 여기에는 다음과 같은 문제점을 제기할 수 있다.

첫째, 사동의 의미를 나타내는 ให้ / haj / 구문에서 ให้ / haj / 뒤에 오는 요소들이 절의 구조를 갖는다. 이 하위문의 형태는 자동사 구문이나 타동사 구문 그리고 이중목적어 구문들이 제약 없이 나타날 수 있다.

둘째, 태국어에서 조동사는 부정사를 삽입할 경우에 본동사가 있는 절 안에서 조동사의 앞에 또는 조동사의 뒤에 삽입한다. 그러나 ให้ / haj / 구문에서는 위의 예문에서 보는 바와 같이 하위문의 동사 앞에 삽입될 수 있다. 이때의 ให้ / haj / 는 상위문의 술어이다.

셋째, 태국어에서 전치 조동사 다음에는 반드시 본동사가 뒤따라야 한다. 그러나 ให้ / haj / 가 사용되는 문장에서는 ให้ / haj / 다음에 하위문의 주어인 명사구가 온다. 이는 ให้ / haj / 가 보충어로 절을 요구하기 때문인데 절을 보충어로 취하는 조동사는 없다.

넷째, ให้ / haj / 미래시제를 나타내는 조동사 จะ / caʔ / 나 진행상을 나타내는 조동사 กำลัง / kamlaŋ / 뒤에 올 수 있는데 태국어에서 จะ / caʔ / 나 กำลัง / kamlaŋ / 뒤에 나타날 수 있는 조동사는 없다.

이상에서 보는 바와 같이 태국어에서 사동문을 만드는 ให้ / haj / 는 다른 조동사들과 통사적 분포가 매우 다르다. 그 근본적인 이유는 ให้ / haj / 가 조동사로서 동사가 지닌 의미에 관계하는 것이 아니라 하나의 타동사로서 보충어로 절을 요구하기 때문이다. 따라서 ให้ / haj / 를 조동사로 분류하는 기존의 분석은 타당성이 없으며 타동사로 분류되어야 한다.

Ⅵ. 접속사의 기능

태국어의 ให้ / haj / 는 절과 절 사이에 위치하는 경우가 있는데 이러한 경우 문장 연결 접속사의 기능을 하는 것으로 분석된다. 이러한 견해는 깜차이 텅러(๒๕๔๐: ๒๘๒/1997: 282)와 나와완 판투메타(๒๕๒๗: ๖๔/1984: 64) 등에 의해 제시되었다. 이들의 분석 결과를 토대로 절과 절 사이에 나타나는 ให้ / haj / 의 기능에 대해서 자세히 살펴보기로 한다.

1. 문장 연결 접속사

태국어의 문장 연결 접속사는 절과 절 사이에 나타나며 선행문과 후행문을 연결해 주는 기능을 한다. 이러한 문장 연결 접속사는 복문이나 중문에 사용된다. 예를 들면 다음과 같다.

(145)	**เขา**	**เตือน**	**ฉัน**	**ว่า**	**อย่า**	**มา**	**สาย**
	khao	tɯan	chan	wa:	ja:	ma:	sa:j
	그	충고하다	나	[보문소]	[금지]	오다	늦다

그는 나에게 늦게 오지 말라고 충고했다.

위의 예문에서 **ว่า** / wa: / 는 상위문 **เขาเตือนฉัน** / khao tɯan chan / 과 하위문 **อย่ามาสาย** / ja: ma: sa:j / 를 연결해 주는 기능을 한다. 이와 같은 접속사를 문장 연결 접속사라고 한다. 태국어의 문장 연결 접속사는 기능과 관련하여 대등 접속사와 종속 접속사로 나눌 수 있다. 이를 자세히 살펴보면 다음과 같다.

1) 대등 접속사

대등 접속사는 선행문과 후행문을 연결시켜 주는 기능을 한다. 예를 들면 다음과 같다.

(146)	**ฉัน**	**ไม่**	**อยาก**	**ไป**	**เพราะ**	**ฝน**	**ตก**
	chan	maj	ja:k	paj	phrɔˀ	fon	tok
	나	아니	[희망]	가다	[이유]	비	오다

나는 비가 오기 때문에 가고 싶지 않다.

(147)	**นิด**	**จะ**	**ไป**	**ตลาด**	**แต่**	**แดง**	**จะ**	**อยู่**	**บ้าน**
	nit	caˀ	paj	tala:t	tɛ:	dɛ:ŋ	caˀ	ju:	ba:n
	닛	[미래]	가다	시장	그러나	댕	[미래]	있다	집

닛은 시장에 가지만 댕은 집에 있을 것이다.

(148)	**ฉัน**	**จะ**	**ไป**	**ดู**	**หนัง**	**แล้วก็**	**ไป**	**ตลาด**
	chan	caˀ	paj	du:	naŋ	lɛ:wkɔ:	paj	tala:t
	나	[미래]	가다	보다	영화	그리고	가다	시장

나는 영화를 보러 가겠다. 그리고 나서 시장에 가겠다.

위의 예문 (146)에서 대등 접속사 **เพราะ** / phrɔ / 는 문장 연결 접속사로서 선행문 **ฉันไม่อยากไป** / chanmaj ja:k paj / 와 후행문 **ฝนตก** / fon tok / 을 이어 주는 기능을 한다. 문장 (146)−(147)에서 대등접속사는 선행문과 후행문 사이에 위치하며 동시에 후행문의 주어 앞에 나타나게 된다. 그러나 예문 (148)에서 접속사 **แล้วก็** / lɛ:wkɔ: / 는 후행문의 주어가 선행문의 주어와 일치되므로 생략되어 후행문의 앞머리에 나타나고 있다. 이와 같이 선행문과 후행문을 연결시켜 주는 접속사를 대등 접속사라고 한다.

2) 종속 접속사

종속 접속사는 상위문과 하위문을 이어 주는 기능을 한다. 예를 들면 다음과 같다.

(149)	ฉัน	ไม่	ชอบ	เด็ก	ที่	มาหา	เมื่อเช้า
	chan	maj	chɔ:p	dek	thi:	ma:ha:	mɯachao:
	나	아니	좋아하다	아이	[관계화소]	찾아오다	아침에

나는 오늘 아침에 찾아온 아이를 좋아하지 않는다.

위의 예문에서 **ที่** / thi: / 는 문장 연결 접속사로서 상위문 **ฉันไม่ชอบเด็ก** / chan maj chɔ:p dek / 과 하위문 **มาหาเมื่อเช้า** / ma:ha: mɯachao: / 를 이어 주는 기능을 한다. 이러한 접속사를 종속 접속사라고 한다.

2. 문장 연결 접속사의 위치

태국어의 문장 연결 접속사는 문장 안의 여러 위치에 나타날 수 있다. 문장 안에서 접속사가 나타나는 위치에 따라 다음과 같이 분류할 수 있다.

1) 절의 앞머리에 위치하는 접속사

문장 연결 접속사 중에는 후행절의 앞머리에 나타나는 접속사가 있다. 예를 들면 다음과 같다.

(150)	แดง	บอก	ว่า	จะ	มา	สาย
	dɛ:ŋ	bɔ:k	wa:	caʔ	ma:	sa:j

댕 말하다 [보문소] [미래] 오다 늦게
댕은 늦게 오겠다고 말했다.

(151) แดง บอก ว่า นิด จะ มา สาย
dɛ:ŋ bɔ:k wa: nit ca: ma: sa:j
댕 말하다 [보문소] 닛 [미래] 오다 늦게
댕은 닛이 늦게 올 거라고 말했다.

하위문의 앞머리에 접속사가 나타나는 경우에 상위문의 주어와 하위문의 주어가 공지시의 관계를 갖게 되면 문장 (150)처럼 하위문의 주어가 생략되는 것이 보통이다. 그러나 상위문의 주어가 하위문의 주어와 다를 경우에는 문장 (151)에서처럼 하위문의 주어가 나타나야 한다.

2) 절 안에 나타나는 접속사

태국어의 문장 연결 접속사 중에는 절의 안에 나타나는 접속사가 있다. 예를 들면 다음과 같다.

(152) แดง ไม่ สบาย เธอ เลย ไม่ ไป โรงเรียน
chan maj saba:j thɤ: lɤ:j maj paj ro:ŋrian
댕 아니 편안하다 그녀 그래서 아니 가다 학교
댕은 아파서 학교에 가지 않았다.

(153) ฉัน ไม่ สบาย เลย ไม่ ไป โรงเรียน
chan maj saba:j lɤ:j maj paj ro:ŋrian
나 아니 편안하다 그래서 아니 가다 학교
나는 아파서 (그녀는) 학교에 가지 않았다.

문장 안에 나타나는 접속사는 위의 예문 (152)에서 보는 것처럼 후행절의 주어와 동사 사이에 나타난다. 그러나 선행절의 주어와 후행절의 주어가 일치되는 경우에는 문장 (153)에서 보는 바와 같이 후행절의 주어가 생략될 수 있는데 이는 선행절의 주어와 공지시의 관계를 갖기 때문이다.

3. 문장 연결 접속사 ให้ / haj / 의 문제

태국어의 **ให้** / haj / 가 문장 연결 접속사의 기능을 하는 것으로 분석하는 이유는 일반적으로 문장 연결 접속사와 같은 위치에 나타나기 때문이다. 그러나 **ว่า** / wa: / 와 **ให้** / haj / 는 일반 문장 연결 접속사와 다른 성격을 가지고 있다.

(154)	**แดง**	**บอก**	**ว่า**	**จะ**	**มา**	**สาย**
	dɛ:ŋ	bɔ:k	wa:	caʔ	ma:	sa: j
	댕	말하다	[보문소]	[미래]	오다	늦게

댕은 늦게 오겠다고 말했다.

(155)	**สมชาย**	**ต้องการ**	**ให้**	**นิด**	**กลับบ้าน**	
	somchaj	tɔ:ŋka:n	haj	nit	klapba:n	
	쏨차이	원하다	[보문소]	닛	집에	가다

쏨차이는 닛으로 하여금 집에 가게 하기를 원했다.

위의 예문에서 보는 바와 같이 태국어의 **ว่า** / wa: / 나 **ให้** / haj / 는 절과 절 사이에 위치하여 문장 연결 접속사의 기능을 하고 있다. 그러나 이들이 하는 보다 상세한 기능은 하위문을 유도하는 보문소의 기능을 한다는 것이다. 위의 문장 (154)에서 상위문의 동사 **บอก** / bɔ:k / 은 말한 내용 **จะมาสาย** / caʔ ma: sa:j / 를 보충어로 요구하며 **ว่า** / wa: / 가 보충어절 앞에 위치하여 보문소의 기능을 하는 것이다. 또한 문장 (155)에서 타동사 **ต้องการ** / tɔ:ŋka:n / 은 보충어로 **นิดกลับบ้าน** / nit klapba:n / 을 취한다. 이때 **ให้** / haj / 는 보충어절을 유도하는 기능을 하고 있다. 이러한 **ว่า** / wa: / 나 **ให้** / haj / 가 하는 기능은 다른 문장 연결 접속사와 구별된다.

(156)	**ฉัน**	**ไม่**	**สบาย**	**เลย**	**ไม่**	**ไป**	**โรงเรียน**
	chan	maj	saba:j	lɤ:j	maj	paj	ro:ŋrian
	나	아니	편안하다	그래서	아니	가다	학교

나는 아파서 학교에 가지 않았다.

(157)	**ฉัน**	**ไม่**	**ชอบ**	**เด็ก**	**ที่**	**มาหา**	**เมื่อเช้า**
	chan	maj	chɔ:p	dek	thi:	ma:ha:	mɯachao:
	나	아니	좋아하다	아이	[관계화소]	찾아오다	아침에

나는 오늘 아침에 찾아온 아이를 좋아하지 않는다.

위의 문장 (156)은 대등 접속사이며 문장 (157)은 종속 접속사이다. 이들의 경우에는 선행절 자체가 더 이상의 다른 요소를 요구하지 않는다. 따라서 이들이 유도하는 것은 보충어가 아닌 부가어 절이다. 이러한 문장의 선행절은 의미적으로 독립되어 있기 때문에 후행절을 떼어 내도 완전한 문장이 된다.

(158)	**ฉัน**	**ไม่**	**สบาย**
	chan	maj	saba:j
	나	아니	편안하다

나는 아팠다.

(159)	**ฉัน**	**ไม่**	**ชอบ**	**เด็ก**
	chan	maj	chɔ:p	dek

나 아니 좋아하다 아이
나는 아이를 좋아하지 않는다.

문장 (156)-(157)에서처럼 일반 문장연결 접속사 뒤에 오는 요소들은 보충어가 아니며 부가어의 성격을 가진 요소들임을 알 수 있다. 그러나 **ว่า** / wa: / 나 **ให้** / haj / 가 사용된 문장의 선행절만을 따로 떼어 놓으면 의미상으로 불완전한 문장이 된다.

(160) **แดง** **บอก**
dɛ:ŋ bɔ:k
댕 말하다
댕은 말했다.

(161) **สมชาย** **ต้องการ**
somchaj tɔ:ŋka:n
쏨차이 원하다
쏨차이는 원했다.

위의 문장은 통사적으로 목적어가 생략된 문장이다. 따라서 문법적으로 비문은 아니더라도 의미상으로 동사가 필수적으로 요구하는 보충어가 빠져 있다. **ว่า** / wa: / 나 **ให้** / haj / 는 이러한 보충어를 유도하는 보문소라고 분석하는 것이 더 상세한 분석이 되며 다른 문장 연결 접속사와는 상이한 성격을 기술할 수 있다. 그런데 문장 연결 접속사 **ให้** / haj / 가 보문소가 아닌 부사화소로 기능하는 경우가 있다. 다음의 예문을 보기로 하자.

(162) **แดง** **ทำ** **กับข้าว** **ให้** **ดำ** **กิน**
dɛ:ŋ tham kapkha:w haj dam kin

댕 만들다 반찬 -게 담 먹다
댕은 반찬을 만들어 담이 먹게 했다.

위의 문장에서 상위문은 **แดงทำกับข้าว** / dɛ:ŋ tham kapkha:w / 이며 하위문은 **ให้ดำกิน** / haj dam kin / 이다. 상위문의 동사 **ทำ** / tham / 은 타동사이며 하위문 **ให้ดำกิน** / haj dam kin / 은 이를 수식하는 부사절의 기능을 한다. 따라서 하위문 **ใหดำกิน** / haj dam kin / 은 보충어가 아니고 부가어이기 때문에 생략이 가능하다. 위의 예문 (162)에서 부가어를 제거하여 나타내 보면 다음과 같다.

(163) **แดง** **ทำ** **กับข้าว**
dɛ:ŋ tham kapkha:w
댕 만들다 반찬
댕은 반찬을 만들었다.

이상에서 살펴본 바와 같이 문장 연결 접속사의 기능을 하는 **ให้** / haj / 는 문장 안에 나타나는 조건에 따라 보문소 또는 부사화소의 기능을 하고 있다는 것을 알 수 있다. 이에 대한 보다 자세한 논의는 제4장에서 하기로 한다.

제 3 장

사동의 개념

03

제 3 장 사동의 개념

태국어는 영어를 비롯한 대부분의 서구어와 달리 태(voice)에 대한 문법적인 구분이 확연히 드러나지 않는다. 이는 태국어가 서구어와 달리 굴절어가 아니라 고립어이며 표현을 하는 데 있어서 주로 행위자 중심으로 하는 경향이 강하기 때문이다. 또 발화를 그때의 상황에 따라 적절하게 해석하는 장면 의존성이 크기 때문으로 보인다. 본 장에서는 태국어의 사동 표현이 어떠한 특수성을 가지고 있는지를 살펴보고 이 논문 전체에서 다룰 사동의 의미에 대해 적합하고 합리적인 개념을 설정하고자 한다.

1절 태국어 사동 표현상의 특징

태국어의 사동은 하나의 문장이 두 가지 이상의 사건을 기술하면서 의미상으로 원인과 결과를 나타내는 것이라고 정의되어 왔다. 그러나 이러한 정의를 가지고 사동을 논의하기에는 문제가 많다. 다음은 태국어에서 일상생활과 관련하여 자주 사용되는 표현들이다.

(1)	ไป	ดู	หมอ
	paj	du:	mɔ:
	가다	보다	점쟁이
	점 보러 간다.		

(2)	ไป	ตรวจ	โรค
	paj	truat	ro:k
	가다	검사하다	병
	진찰 받으러 간다.		

(3)	ไป	ตัด	ผม
	paj	tat	phom
	가다	자르다	머리
	이발하러 간다.		

위의 문장들은 형태상으로 보아 (S)+Vt+O의 형식을 갖춘 타동문이며 형식상으로 주동문처럼 보인다. 그러나 위의 문장들은 실제로 사동의 의미를 가지고 있다. 이를 풀어서 설명하면 각각 다음과 같다.

(4)	ให้	หมอ	ดู	โชคชะตา	ให้	ตน
	haj	mɔ:	du:	cho:kchata:	haj	ton
	[사동]	점쟁이	보다	운명	−주다	자신
	'점쟁이에게 자신의 운명을 보게 하다'					

(5)	ให้	หมอยา	ตรวจ	โรค	ให้	ตน
	haj	mɔ:ja:	truat	ro:k	haj	ton

[사동] 의사 검사하다 병 -주다 자신
'의사에게 자신의 병을 진찰하게 하다'

(6) **ให้ ช่าง ตัด ผม ให้ ตน**
haj chaːŋ tat phom haj ton
[사동] 기술자 자르다 머리 -주다 자신
'이발사에게 자신의 머리를 자르게 한다'

문장 (1)-(3)과 같은 표현들이 태국어에서는 자주 사용되고 있다.(위파 **๒๕๒๖: ๕๖-๖๓** / 1983: 6-7) 이는 태국어에서 사동 표현 중에서 화자와 청자가 상황에 따라 의미를 해석하는 특별한 경우이다. 반쫌(**๒๕๒๑** / 1978)은 이를 "서로 상황을 알고 있는 경우에 사용되는 특별한 의미를 지닌 단어 연결체"라고 설명하고 있다. 그러나 이러한 표현들은 사동 표현 연구 대상에서 제외되어야 한다. 이들은 이미 굳어진 표현으로서 사동 표현으로 다루는 경우에 이를 체계적으로 설명할 수 없기 때문이다. 따라서 본 고에서는 이러한 표현들은 상황에 의존하여 사용하는 관용구로 처리하여 연구대상에서 제외하기로 한다.

태국어의 언어 표현 중에서 또 하나 특이한 사항은 우리가 주동의 표현으로 사용하는 상황에서 사동의 표현을 즐겨 쓴다는 것이다. 다음은 그러한 예이다.

(7) **ให้ ผม ช่วย ไหม**
haj phom chuaj maj
[사동] 나 돕다 [의문]
나로 하여금 도와주게 하시겠습니까?

(8) **คุณ จะ ให้ ผม มา กี่ โมง**
khun caʔ haj phom maː kiː moːŋ

당신 [미래] [사동] 나 오다 몇 시
당신은 나를 몇 시에 오게 하시겠습니까?

위의 문장 (7)은 '내가 도와줄까?'라는 의미를 지닌 문장이며 문장 (8)은 '내가 몇 시에 갈까?' 하는 의미로 사용된 문장이다. 이는 상황에 따라 결정을 상대방, 즉 청자에게 유보하는 언어 습관에서 생겨난 것으로 보인다. 이처럼 태국인이 일상생활에서 사동 표현을 즐겨 사용하는 까닭으로 사동 표현이 외국인을 위한 태국어 교육에서 차지하는 비중이 높다. 따라서 문법적으로 다양한 기능을 하면서 복잡한 통사적 분포를 갖는 ให้ / haj / 가 어떠한 조건에서 사동 표현을 나타내는가를 분석하고 기술하는 것은 태국어를 외국어로 익히는 학습자를 위한 언어 교육 측면에서도 많은 도움이 될 것이다.

2절 사동성과 타동성

태국어는 언어적 특성상 어형의 변화가 없으므로 접미사동이나 다른 형태적 사동이 없다. 태국어의 많은 타동사들이 두 가지의 사건을 기술할 수 있으며 그때의 내용이 원인과 결과를 나타내는 경우가 있다. 이때 타동사는 사동사의 기능을 하게 되며 이를 어휘적 사동이라고 한다. 그러나 태국어에서 타동사가 사동사로 사용되는 경우에 일반 타동사와 형태적 차이가 없으므로 사동사와 타동사의 구분이 필요하다. 본 절에서는 태국어의 사동과 타동에 대해 논의하기로 한다.

본래 '사동'과 '타동'은 대립되는 개념이 아니다. '사동'은 '주동'과 대립되는 개념이며 '타동'은 '자동'과 대립되는 개념이다. 즉 어떤 행위의 참여자 사이의 관계에 따라 사동사와 주동사의 개념이 성립하며 목적어 지배 여부에 따라 자동사와 타동사의 개념이 성립되는 것이다.

'사동'의 일반적인 의미는 사동자(causer)가 피사동자(causee)로 하여금 어떤 행위를 하게 하는 것을 말한다. 이에 비해 '주동'은 동작주가 스스로 어떤 행위를 수행하는 것을 말한다.(이익섭, 이홍빈 1997: 208) 이러한 의미 관련을 도식화하여 나타내 보면 다음과 같다.

1) 사동성

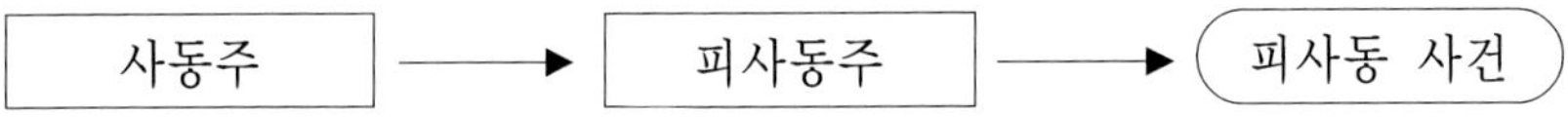

2) 주동성

'타동'의 의미는 의미적인 측면에서 서술동사가 나타내는 행동이 주어인 행위주로부터 목적어인 대상으로 옮겨지는 것을 말한다.(우형식 1990: 37-43) 이에 비해 '자동'은 동작이 미치는 대상이 없는 행위를 말한다. 이러한 의미 관계를 도식화하여 표시해 보면 다음과 같다.

3) 타동성

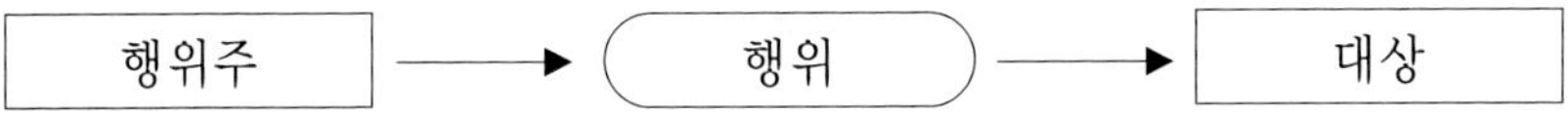

4) 자동성

태국어에서 사동사와 타동사가 가지는 형태적 차이가 없으므로 의미 관계를 따져서 구분할 수밖에 없다. 앞장에서 살펴본 바와 같이 타동사가 두 가지 사건을 기술하면서 두 가지 사건이 인과 관계를 갖게 되면 사동사로 분류한다. 다음의 예문을 보기로 하자.

(9) **เขา** **เปิด** **ประตู**
khao pɤ:t pratu:
그 열다 문
그는 문을 열었다.

(10) **เขา** **อ่าน** **หนังสือ**
khao ˀa:n naŋsɯ:
그 읽다 책
그는 책을 읽는다.

위의 문장 (9)에서 **เปิด** / pɤ:t / 은 사동사이며 문장 (10)에서 **อ่าน** / ˀa:n / 은 일반 타동사이다. 문장 (9)에서 피사동자 **ประตู** / pratu: / 는 사동자 **เขา** / khao / 의 행위 **เปิด** / pɤ:t / 의해 닫힌 상태에서 열린 상태로 바뀌었다. 반면에 문장 (10)의 **หนังสือ** / naŋsɯ: / 는 행동주 **เขา** / khao / 의 행위 **อ่าน** / ˀa:n / 의 대상일 뿐 그에 따른 어떠한 행위나 상태의 변화가 일어나지 않았다. 문장 (9)는 다음과 같이 목적어를 주어로 하는 문장으로 바꾸어 쓸 수 있으나 문장 (10)은 그 목적어를 주어로 바꾸어 쓸 경우에 틀린 문장이 된다.

(9') **ประตู เปิด (เอง)**
pratu: pɤ:t ʔe:ŋ
문 열다 스스로
문이 (저절로) 열렸다.

(10') * **หนังสือ อ่าน**
naŋsɯ: ʔa:n
책 읽다
책이 읽는다.

위에서 살펴본 바와 같이 태국어에서 타동사와 사동사의 구분은 순전히 단어의 의미 관계에서 이루어지며 형태적 변화에 의해서 이루어지지 않는다.

3절 사동성과 피동성

앞에서 설명한 바와 같이 사동성은 어떤 행위의 참여자들 사이의 관계에 따라 주동성과 대립하여 파악되는 개념이다. 이와 마찬가지로 피동성은 어떤 행위의 참여자 사이의 관계에 따라 능동성과 대립하여 설정되는 개념이다. 능동문과 피동문의 의미 관계를 도식화하면 다음과 같다.

1) 능동성

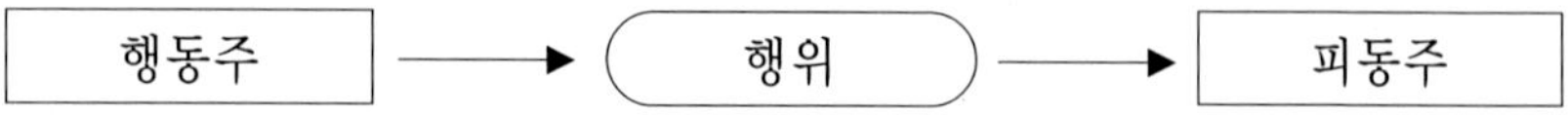

2) 피동성

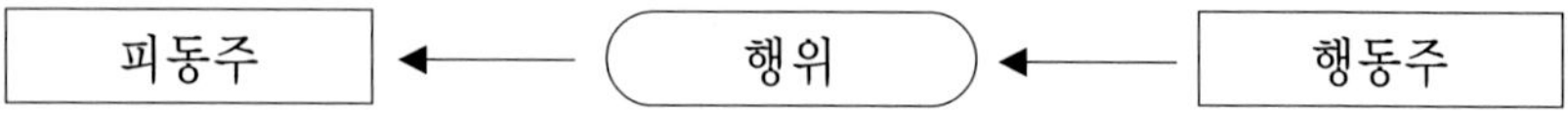

사동문은 주동문과 피동문은 능동문과 각각 함의(entailment) 관계에 있으며 능동문과 피동문은 진리조건이 같다. 먼저 아래의 사동문을 보자.

(11) a. **สมชาย ทำ น้อง เสียใจ**
somchaj tham nɔ:ŋ siacaj
쏨차이 [사동] 동생 속상하다
쏨차이는 동생을 속상하게 만들었다.

b. **น้อง เสียใจ**
nɔ:ŋ siacaj
동생은 상심했다.

위의 사동문 (11a)가 참이면 주동문 (11b)도 참이다. 이는 사동구문에서 기술되는 사건의 내용이 사동자의 시킴 행위에 따라 피사동자의 피사동 행위가 반드시 수행되는 것이기 때문이다. 다음에는 피동문의 경우를 보기로 하자.

(12) a. **หนู ถูก แมว กิน**
nu: thu:k mɛw kin

쥐 당하다 고양이 먹다

쥐가 고양이한테 먹혔다.

b. แมว กิน หนู

mεw kin nu:

고양이 먹다 쥐

고양이가 쥐를 먹었다.

위의 피동문 (12a)가 참이면 능동문 (12b)도 참이다. 또 문장 (12a)가 거짓이면 문장 (12b)도 역시 거짓이 된다. 또 능동문 (12b)가 참이면 피동문 (12a)도 참이다. 또 문장 (12b)가 거짓이면 문장 (12a)도 역시 거짓이 된다. 이처럼 피동문의 진리조건은 능동문의 진리조건과 일치하게 되어 동치 관계가 성립한다.

일반적으로 사동과 피동은 문법적인 기능이나 의미적인 면에서 차이가 있기 때문에 다른 문법 범주로 분류된다. 그런데 태국어의 어휘적 사동문에 대응하는 주동문과 상태적 피동 간에는 어떠한 연관성이 있는 것으로 생각된다. 이는 태국어에서 적지 않은 동사들이 중립 동사(middle verb)의 성격을 가지고 있기 때문으로 보인다. 태국어의 어휘적 사동과 상태성 피동 간의 연관성을 파악해 보기 위해 중립 동사의 성격을 살펴보기로 한다.

중립 동사란 자동사/타동사 구문의 대응관계를 갖는 동사의 한 유형이다. 국어의 중립 동사 구문을 연구한 연재훈(1989: 165-189)이 제시하는 중립 동사 구문의 판별 기준을 통사적 기준과 의미적 기준으로 나누어 태국어에 적용시켜 보면 다음과 같다.

(13) 통사적 기준: 중립 동사는 자동사문 구조와 타동사문 구조에 형태 변화 없이 나타나며, 자동사문의 주어와 타동사문의 목적어 사이에 동일한 명사 분포를 갖는 동사의 한 유형이다.

이러한 관계를 형식화하면 다음과 같다.

NP_i V NP_j ↔ NP_j V

태국어의 타동사문 중에서 위와 같은 기준이 적용되는 예를 들면 다음과 같다.

(14) a. แม่ ตำ พริก
mɛ: tam phrik
어머니 빻다 고추
어머니가 고추를 빻는다.

b. พริก ตำ (ละเอียด)?
phrik tam laia:t
고추 빻다 곱다
고추가 (곱게) 빻아졌다.

위에서 보는 바와 같이 타동문 (14a)에 대응하는 자동문 (14b)가 상태적 피동문으로 나타나고 있음을 볼 수 있다. 이들의 의미적 관계를 살펴보기 위해 중립 동사를 구별하는 의미적 기준을 살펴보기로 하자. 연재훈(1989)이 제시한 중립 동사를 판별하는 의미적 기준은 다음과 같다.

(15) 의미적 기준: 중립 동사의 타동사 문의 주어는 동사의 동작이나 행위의 과정이 실현되도록 만드는 사동자의 역할을 한다.

중립 동사의 의미적 기준을 객관적으로 검증하기 위하여 중립 동사의 타동문을 **ทำให้** / thamhaj / 구문으로 환언(paraphrase)해 보기로 한다. 이는 중립 동사의 타동사 문의 주어가 사동주의 역할을 한다면 목적어의 상태를 변화시켜야 하므로 태국어의 사동구문인 **ทำให้** / thamhaj / 구문으로 환언(paraphrase)했을 때 문법적인 문장이 되어야 하기 때문이다. 위의 예문 (14a)를 **ทำให** / thamhaj / 구문으로 환언하면 다음과 같이 된다.

(14a') **แม่** **ทำให้** **พริก** **ตำ**

mɛ: thamhaj phrik tam

어머니 [사동] 고추 빻다

어머니가 고추가 빻아지게 했다.

지금까지 살펴본 바와 같이 태국어의 어휘적 사동문에 대응하는 주동문은 상태성 피동이다. 여기서 지적할 수 있는 것은 어휘적 사동이 아닌 일반 타동문은 그와 대응하는 자동문이 상태성 피동문을 이루지 못한다는 것이다. 다음의 예를 보기로 하자.

(16) a. **เขา** **อ่าน** **หนังสือ**

khao ˀa:n naŋsɯ:

그 읽다 책

그는 책을 읽는다.

b. ***หนังสือ** **อ่าน**

naŋsɯ: ˀa:n

책 읽다

책이 읽힌다.

위에서 보는 바와 같이 사동 표현이 아닌 일반 타동문에 대응하는 주동문은 중립 동사의 통사적 판단 기준에 어긋난다. 또 문장 (16a)를 **ทำให้** / thamhaj / 구문으로 환언하여 의미적 기준을 적용시켜 보면 다음과 같이 비문이 된다.

(16a') *เขา ทำให้ หนังสือ อ่าน
khao thamhaj naŋsɯ: ˀa:n:
그 [사동] 책 읽다
그는 책이 읽게 한다.

지금까지 살펴본 바와 같이 태국어에서 어휘적 사동 표현을 실현하는 타동사 구문의 동사는 대부분 중립 동사의 성격을 가지고 있으며 이에 대응하는 자동문은 상태적 피동의 의미를 가지고 있는 것으로 파악할 수 있다. 이러한 중립 동사의 개념과 **ทำให้** / thamhaj / 구문으로 환언하는 방법은 위파(๒๕๒๖ / 1983)가 제시하는 어휘사동의 판별기준보다 훨씬 명확하고 객관적이라고 생각된다. 위파의 판별법은 행위자의 행위에 대한 결과가 목적어의 상태를 변화시켰는가 하는 것인데 '변화시킨다'고 하는 것에는 의미상 모호한 점이 많기 때문이다.

4절 사동의 정의

앞 장에서 살펴본 바와 같이 기존의 연구에서는 태국어의 사동에 대한 개념과 정의가 불명확하고 따라서 사동 표현에 대한 기술에서 학자에 따라 많은 차이를 보이고 있다. 프라야우빠낏(๒๕๓๓ / 1990)과 깜차이 텅러(๒๕๔๐ / 1997)가 **ให้** / haj / 구문을 사동문으로 분석하고 **ให้** / haj / 의 기능을 조동사로 규정한 것은 전통문법에 입각한 것으로 모국어 화자가 지닌 언어직관을 이용한 주관적 판단에서 나온 결과로 보인다. 이에 비해

Rasami(1976)는 태국어의 사동문이 ทำ / tham /, ให้ / haj / 그리고 ทำให้ thamhaj / 에 의해 실현된다고 보았다. 그 후로 위파(๒๕๒๖ / 1983)와 Kingkarn (1986) 등에서도 태국어의 사동문이 ทำ / tham / , ให้ / haj / 그리고 ทำให้ / thamhaj / 에 의해 실현된다는 일관성 있는 입장을 보이고 있다. 또한 사동문에 대한 직접적인 연구가 아니더라도 ให้ / haj / 의 기능과 의미를 분석한 어라타이(๒๕๑๓ / 1970), 반쫍(๒๕๒๘ / 1985) 등에서도 ให / haj / 가 사동문을 실현시킨다는 논의가 전개되어 왔다. 그러나 이러한 연구들이 얼마만큼 객관적이고 타당성이 있는 기준을 근거로 태국어의 사동에 대해 기술하고 분석했는가에 대해서는 더 깊이 살펴볼 필요가 있다. 본 절에서는 태국어의 사동 표현을 총체적으로 기술하고 올바른 논의와 분석을 하기 위해 사동에 대한 개념을 명확하게 설정하고자 한다.

Ⅰ. 사동의 구성 요소

앞의 3.2항에서 살펴본 바와 같이 사동이 문장으로 실현되기 위해서는 다음과 같이 세 가지 구성 요소를 갖추고 있어야 한다.

1) 사동자: 제1행위자(first agent) 또는 피사동 행위의 교사자(instigator)로 문장으로 실현되는 경우에 사동 행위를 나타내는 서술어의 주어 역할을 한다. 태국어의 경우에는 통사적 사동이 실현되는 경우에 상위문의 주어가 된다.

2) 피사동자: 제2행위자(second agent) 또는 피사동 행위의 수행자로 문장으로 실현되는 경우에 피사동 행위를 나타내는 절의 주어가

된다. 태국어에서 통사적 사동이 실현되는 경우에는 하위문의 주어로 나타나게 된다.

3) 피사동 사건(caused event): 사동자의 시킴행위로 피사동자가 수행하는 행위가 된다. 문장으로 실현되는 경우에 피사동자가 주어가 되는 절의 서술어가 나타내는 내용이다. 태국어에서 통사적 사동이 실현되는 경우에 하위문의 술어가 나타내는 내용이다.

위와 같은 세 가지 요소를 모두 갖춘 사동문의 예를 들면 다음과 같다.

(17)	**น้อย**	**ทำ**	**กระเป๋า**	**หาย**
	nɔ:j	tham	krapao	ha:j
	너이	[사동]	가방	사라지다
	너이는 가방을 잃어버렸다.			

위의 문장에서 사동자는 **น้อย** / nɔ:j / 이며 피사동자는 **กระเป๋า** / krapao / 이다. 그리고 피사동 사건은 **หาย** / ha:j / 가 서술하는 내용이 된다.

Ⅱ. 사동의 성립 기준

사동이 문장으로 실현되기 위해서는 사동의 범주를 결정하는 통사적 기준과 의미적 기준을 충족시켜야 한다. 태국어에는 어형의 변화가 없으므로 형태적 기준은 설정할 필요가 없다. 본 항에서는 태국어의 사동이 성립하기 위해 필요한 통사적 기준과 의미적 기준을 논의해 보기로 한다.

1. 통사적 기준

앞에서 지적한 바와 같이 '사동'은 '주동'과 대립되는 개념이다. 하나의 사동이 구문으로 실현되려면 이에 대응되는 주동문으로 나타낼 수 있어야 한다.

(18) a. **น้อง** **ทำ** **ต้นไม้** **หัก**
nɔ:ŋ tham tonma:j hak
동생 [사동] 나무 부러지다
동생은 나무를 부러뜨렸다.

b. **ต้นไม้** **หัก**
tonma:j hak
나무 부러지다
나무가 부러졌다.

위의 문장 (18a)에서 **น้อง** / nɔ:ŋ / 은 사동자로 상위문의 주어이며 **ทำ** / tham / 은 사동 원인을 나타내는 상위문의 서술어이다. 그리고 **ต้นไม้** / tonma:j / 는 피사동자로 하위문의 주어이며 **หัก** / hak / 은 피사동 사건을 나타내는 하위문의 서술어이다. 문장 (18b)는 문장 (18a)와 대응하는 주동문이다. 피사동자 **ต้นไม้** / tonma:j / 가 주동문의 주어로 나타났으며 피사동 사건을 나타내는 술어 **หัก** / hak / 이 주동문의 술어 역할을 하게 된다. 이를 형식화해 보면 다음과 같다.

$$NP_i \quad V_i \quad NP_j \quad VP_j \quad \leftrightarrow \quad NP_j \; VP_j$$

위에서 보는 바와 같이 태국어에서 하위문이 자동사 구문으로 나타나는 **ทำ** / tham / 사동문을 주동문으로 나타내는 경우에 사동문의 주어(NP_i)와 본동사(V_i)는 사라지게 되며 피사동자(NP_j)가 주동문의 주어로 오고 하위문의 술어(VP_j)가 주동문의 술어로 오게 된다.

(19) a. **ครู** **ให้** **นักเรียน** **ทำ** **กระเป๋า**
khru: haj nakrian tham ka:nba:n
선생님 [사동] 학생 하다 숙제
선생님은 학생에게 숙제를 하게 하셨다.

b. **นักเรียน** **ทำ** **การบ้าน**
nakrian tham ka:nba:n
학생 하다 숙제
학생이 숙제를 한다.

위의 문장 (19a)에서 **ครู** / khru: / 는 사동자로 상위문의 주어이며 **ให้** / haj / 는 사동 원인을 나타내는 상위문의 서술어이다. **นักเรียน** / nakrian / 은 피사동자로 하위문의 주어이며 **ทำ** / tham / 은 피사동 사건을 나타내는 하위문의 술어이고 **การบ้าน** / ka:nba:n / 은 그것의 목적어이다. 이를 대응하는 주동문으로 나타내게 되면 피사동자 **นักเรียน** / nakrian / 이 주동문의 주어로 나타나고 피사동 사건을 나타내는 하위문의 술어 **ทำ** / tham / 이 본동사로 오며 하위문의 목적어 **การบ้าน** / ka:nba:n / 이 주동문의 목적어로 나타나게 된다. 이를 형식화하면 다음과 같다.

$NP_i \quad V_i \quad NP_j \quad VP_j \quad \leftrightarrow \quad NP_j \quad VP_j$

위에서 보는 바와 같이 태국어에서 하위문이 타동사 구문으로 나타나는 **ให้** / haj / 사동문을 주동문으로 나타내는 경우에 사동문의 주어와 본동사(V_i)는 사라지게 되며 피사동자가 주동문의 주어로 오고 하위문의 술어(V_j)가 주동문의 술어로 오게 되며 하위문의 목적어가 주동문의 목적어가 된다.

(20) a. **เขา** **ทำให้** **งาน** **เสีย** **หมด**

khao thamhaj: ŋa:n sia mot

그 [사동] 일 그르치다 모두

그는 일을 모두 그르치게 만들었다.

b. **งาน** **เสีย** **หมด**

ŋa:n sia mot

일 그르치다 모두

일을 모두 그르쳤다.

위의 문장 (20a)에서 **เขา**khao / 는 사동자로 상위문의 주어이며 **ทำให้** thamhaj / 는 사동 원인을 나타내는 상위문의 서술어이다. 그리고 **งาน** /ŋa:n / 은 피사동자로 하위문의 주어이며 **เสีย** / sia / 는 피사동 사건을 나타내는 하위문의 서술어이다. 문장 (20b)는 문장 (20a)를 이와 대응하는 주동문으로 나타낸 것이다. 피사동자 **งาน** / ŋa:n / 이 주동문의 주어로 나타났으며 피사동 사건을 나타내는 술어 **เสีย** / sia / 가 주동문의 술어 역할을 하게 된다. 이를 형식화하면 다음과 같다.

$$NP_i \quad V_i \quad NP_j \quad VP_j \quad \leftrightarrow \quad NP_j \quad VP_j$$

위에서 보는 바와 같이 태국어에서 하위문이 자동사 구문으로 나타나는 **ทำให้** / thamhaj / 사동문을 주동문으로 나타내는 경우에 사동문의 주어(NP_i)와 본동사(V_i)는 사라지게 되며 피사동자(NP_j)가 주동문의 주어로 오고 하위문의 술어(V_j)가 주동문의 술어로 오게 된다.

위에서 살펴본 바와 같이 사동이 성립되기 위해서는 통사적으로 그와 대응되는 주동문으로 나타낼 수 있어야 한다. 만약 주동문으로 나타내는 것이 불가능하면 동일한 통사적 분포를 가지고 있다고 하더라도 사동이 성립되지 않는다. 다음의 문장은 앞의 문장 (18a)와 통사적 분포는 같지만 주동문으로 나타낼 수 없다.

(21) a. **แดง** **ทำ** **ขนม** **กิน**
dɛ:ŋ tham khanom kin
댕 만들다 과자 먹다
댕은 과자를 만들어 먹는다.

b. * **ขนม** **กิน**
khanom kin
과자 먹다
과자가 먹는다

따라서 위의 문장 (21a)는 사동을 실현하기 위한 대응하는 주동문으로 나타내는 것이 불가능하므로 사동이 성립되지 않는다. 이때 **ทำ** / tham / 은 일반 동사로 '만들다'는 의미이며 목적어로 **ขนม** / khanom / 이라는 명사구를 취한다.

2. 의미적 기준

사동은 기본적으로 '누가 누구에게 무엇을 어찌하다' 또는 '누가 무엇을 어찌하다'의 의미를 가지게 된다.(김형배 1997: 42) 이러한 사동문의 의미론적 조건에 대해서는 여러 가지로 설정할 수 있다. 우선 위파(๒๕๒๖ / 1976)가 제시한 사동이 되기 위한 의미적 조건을 정리하면 다음과 같다.

a. 첫째로 사동문은 사동행위와 피사동 행위의 두 가지의 사건을 기술하고 있어야 한다.
b. 사동문이 기술하는 두 가지 사건은 의미상 서로 인과 관계를 가지고 있어야 한다.

위 파의 사동문 조건에서는 특별히 사동자나 피사동자에 대한 [+의도성]의 제약을 규정하지 않고 있는 것으로 보인다. Rasami(1976)의 연구를 시점으로 태국어의 사동연구에 중요한 영향을 끼친 것으로 보이는 Shibatani(1976)의 사동문 조건에서는 이러한 조건이 간접적으로 나타나 있다. Shibatani의 사동문 조건을 간략하게 정리해 보면 다음과 같다.

a. 사동문의 두 가지 사건의 관계는 화자가 사동자의 사동 행위(causing event)가 있은 이후에 피사동 사건(caused event)이 일어나는 것으로 믿고 있는 것이어야 한다.
b. 사동문의 두 가지 사건의 관계는 화자가 피사동자의 피사동 행위가 전적으로 사동주의 사동 행위로 말미암아 일어나는 것으로 믿고 있는 것이어야 한다.

국어의 사동문을 연구한 김정대(1988: 37-44)가 제시하는 사동문의 의미론적 조건에서는 [+의도성]에 대한 직접적인 제약을 설정하고 있다.

a. 행위자 조건: 사동자와 피사동자는 [+행위자]이어야 하고, 특히 사동자는 [+의도성]을 가져야 한다.
b. 인과성 조건: 화자는 사동자의 사동 행위로 말미암아 피사동자의 피사동 행위가 일어나는 것으로 믿고 있다.
c. 수행성 조건: 화자는, 사동자의 사동 행위가 있은 이후에 피사동자의 피사동행위가 반드시 수행되는 것으로 믿고 있다.

한편, Jackendoff(1994: 198-202)는 전형적인 사동의 조건으로 다음과 같은 세 가지를 제시하고 있다.

a. 의도성 조건: 사동자가 사동 사건을 수행하는 데 의도성이 있어야 한다.
b. 직접성 조건: 사동자는 피사동 사건에 직접 개입하여야 한다.
c. 상태의 변화 조건: 사동 행위에 의한 상태의 변화가 반드시 일어나야 한다.

Jackendoff는 사동문이 되기 위해서는 위의 세 가지 조건 중에서 의도성의 조건이나 직접성의 조건은 다소 어길 수 있지만 상태의 변화 조건은 반드시 충족시켜야 한다고 보았다.

앞에서 살펴본 바와 같이 사동문의 의미론적 조건은 대개가 비슷한 내용을 담고 있지만 학자에 따라 약간의 차이가 있다. 위 파의 경우에 [+의도성]이나 [+직접성]에 대한 조건을 두지 않고 있다. Shibatani나 김정대의 경우에는 사동의 조건에 [+의도성]과 [+직접성]을 포함시키고 있으나 제시하는 사동 조건들이 의미론적인 성격보다는 화용론적인 성격이 강하다. 본 연구에서는 태국어의 사동 표현을 기술하는 데 있어서 형태와 의미 관계를 보다 체계적이고 효율적으로 기술하기 위하여 Jackendoff(1994: 198)가 제시한 사동의 의미적 조건 중에서 의도성 조건과 직접성 조건을 받아들이기로 한다. 그리고 다소 추상적인 의미를 나타내는 상태변화의 조건 대신에 김정대에 의해 제안된 수행성 조건에서 화용론적 성격을 제거하여 다음과 같이 수정하여 설정하고자 한다.

(22) 사동문 조건

a. 의도성 조건: 사동 행위를 수행하는 사동자는 사동 사건을 수행하는 데 있어서 의도성이 있어야 한다.
b. 직접성 조건: 사동자는 피사동 사건에 직접 개입하여야 한다.
c. 수행성 조건: 사동자의 사동 행위 이후에 피사동자의 피사동 행위가 반드시 수행되어야 한다.

Ⅲ. 태국어 사동 표현의 유형

이미 앞에서 언급한 바와 같이 사동이 성립되기 위해서는 사동자와 피사동자 그리고 피사동 사건의 세 가지 구성 요소를 갖추어야 한다. 이 세 가지 요소 중에서 그 어느 한 가지라도 갖추지 못하게 되면 사동문이 될 수 없다. 그리고 사동을 실현시키기 위해서는 사동이 되기 위한 통사적 조건과 의미적 조건을 충족시켜야 한다. 지금까지 태국어에서 사동문을 실현시키는 것으로 분석되어 온 **ทำ** / tham /, **ให้** / haj / 그리고 **ทำให้** / thamhaj / 구문의 사동 표현들을 대상으로 이들이 사동이 되기 위한 조건을 갖추고 있는지를 검토해 보기로 한다.

1) 통사적 기준

사동이 되기 위한 통사적 기준은 이에 대응하는 주동문으로 나타내는 것이 가능해야 한다는 것이다. **ทำ** / tham / ,**ให้** / haj / 그리고 **ทำให้** / thamhaj / 구문에 통사적 기준을 적용시켜 보기로 한다.

① ทำ / tham / 구문의 주동문

(23) a. **สักกะ** **ทำ** **กระจก** **แตก**

sakka tham kracok tɛ:k

싹까 [사동] 거울 깨지다

싹까는 거울을 깨지게 했다.

b. **กระจก** **แตก**

kracok tɛ:k

거울 깨지다
거울이 깨졌다.

앞의 예문 (23a)는 통사적 기준에 따라 이에 대응하는 주동문으로 바꾸어 보면 (23b)와 같이 나타나게 된다.

② ให้ / haj / 구문의 주동문

(24) a. พ่อแม่ ให้ ลูก ไปเที่ยว
phɔ:mɛ: haj lu:k pajthiaw
부모 [사동] 자식 놀러가다
부모님은 자녀가 놀러 가게 하신다.

b. ลูก ไปเที่ยว
lu:k pajthiaw
자식 놀러 가다
자녀가 놀러 간다.

위의 예문 (24a)는 통사적 기준에 따라 주동문으로 바꾸어 보면 (24b)와 같이 나타나게 된다.

③ ทำให้ / thamhaj / 구문의 주동문

(25) a. เธอ ทำให้ ฉัน เสียใจ
thɤ: thamhaj chan siacaj
너 [사동] 나 속상하다
너는 나를 속상하게 했다.

b. **ฉัน** **เสียใจ**
chan siacaj
나 속상하다
나는 속이 상했다.

위의 예문 (25a)는 통사적 기준에 따라 주동문으로 바꾸어 보면 (25b)와 같이 나타나게 된다.

이상에서 살펴본 바와 같이 태국어의 **ทำ** / tham /, **ให้** / haj /, **ทำให้** / thamhaj / 구문은 사동문이 되기 위한 통사적 기준에 따른 조건을 갖추고 있다.

2) 의미적 기준

태국어에서 사동문이 되기 위한 의미적 기준은 앞에서 논의한 바와 같이 사동자가 의도를 가지고 사동 사건을 직접 수행하여야 하며 피사동 사건이 반드시 수행되어야 한다는 것이었다. 따라서 사동문과 이에 대응하는 주동문은 함의 관계를 갖게 된다. 태국어의 **ทำ** / tham / , **ให้** / haj / , **ทำให้** / thamhaj / 구문의 사동문이 되기 위한 의미적 조건을 검토해 보기로 하자.

a. 의도성 조건: 사동 행위를 수행하는 사동자는 사동 사건을 수행하는 데 있어서 의도성이 있어야 한다.

① **ทำ** / tham / 구문의 의도성 조건

(26) **สักกะ** **ทำ** **กระจก** **แตก**
sakka tham kracok tɛ:k
싹까 [사동] 거울 깨지다
싹까는 거울을 깨지게 했다.

위의 예문에서 사동자는 **สักกะ** / sakka / 이며 사동행위 **ทำ** / tham / 을 수행하고 **กระจก** / kracok / 은 피사동자로서 피사동 사건 **แตก** / tɛ:k / 을 수행한다. 그러나 태국어에서 **ทำ** / tham / 사동구문에 의해 기술되는 사건의 내용은 우연이나 사고에 의해 일어나는 것만을 기술할 수 있다.(Rasmi Vichit−Vadakan, 1976: 456−76) 이는 '일부러'의 의미를 지닌 부사구 **โดยตั้งใจ** / do:jtaŋcaj / 를 삽입하여 확인할 수 있다.

(26')	* **สักกะ**	**ทำ**	**กระจก**	**แตกโดยตั้งใจ**	
	sakka	tham	kracok	tɛ:kdo:j	dojtacaj
	싹까	[사동]	거울	깨지다	일부러
	싹까는 일부러 거울을 깨뜨렸다.				

예문 (26')이 비문이 되므로 **ทำ** / tham / 구문은 사동문이 되기 위한 의미적 기준 중에서 의도성 조건을 갖추지 못하고 있다.

② ให้ / haj / 구문의 의도성 조건

(27)	**พ่อแม่**	**ให้**	**ลูก**	**ไปเที่ยว**
	phɔ:mɛ:	haj	lu:k	pajthiaw
	부모	[사동]	자식	놀러가다
	부모님은 자녀가 놀러 가게 하신다.			

위의 예문에서 **พ่อแม่** / phɔ:mɛ: / 는 사동자로 사동행위 **ให้** / haj / 를 수행하고 **ลูก** / lu:k / 은 피사동자로서 피사동 사건 **ไปเที่ยว** / pajthiaw / 를 수행한다. 태국어에서 **ให้** / haj / 구문에 의해 기술되는 사건의 내용은 사고나 우연에 의해 일어나는 것은 기술하지 못하고 오직 의도성을 가지고 행하는 것만을 기술할 수 있다. 이는 '일부러'의 의미를 지닌 부사구 **โดยตั้งใจ** / do:jtaŋcaj / 를 삽입하여 확인할 수 있다.

(27') **พ่อแม่** **ให้** **ลูก** **ไปเที่ยว** **โดยตั้งใจ**
phɔ:mɛ: haj lu:k pajthiaw do:jtaŋcaj
부모 [사동] 자식 놀러가다 일부러
부모님은 일부러 자녀가 놀러 가게 하신다.

따라서 위의 예문 (27')이 정문이 되므로 **ให้** / haj / 구문은 사동문이 되기 위한 의미적 기준 중에서 의도성 조건을 갖추고 있다.

③ **ทำให้** / thamhaj / 구문의 의도성 조건

(28) **เธอ** **ทำให้** **ฉัน** **เสียใจ**
thɤ: thamhaj chan siacaj
너 [사동] 나 속상하다
너는 나를 속상하게 했다.

위의 예문에서 사동자는 **เธอ** / thɤ: / 이며 사동행위 **ทำให้** / thamhaj / 를 수행하고 **ฉัน** / chan / 은 피사동자로서 피사동 사건 **เสียใจ** / siacaj / 를 수행한다. 태국어의 **ทำให้** / thamhaj / 에 의해 기술되는 사건은 행위자의 의도성 유무와 상관없이 모두 기술할 수 있다. 이는 '일부러'의 의미를 지닌 부사구 **โดยตั้งใจ** / do:jtaŋcaj / 를 삽입하여 확인할 수 있다.

(28') **เธอ** **ทำให้** **ฉัน** **เสียใจ** **โดนตั้งใจ**
thɤ: thamhaj chan siacaj do:jtaŋcaj
너 [사동] 나 속상하다 일부러
너는 일부러 나를 속상하게 했다.

위의 예문 (28') 이 정문이 되므로 **ทำให้** / thamhaj / 구문은 사동문이 되기 위한 의미적 기준 중에서 의도성 조건을 갖추고 있다.

b. 직접성 조건: 사동자는 피사동 사건에 직접 개입하여야 한다.

시험하고자 하는 사동문을 '직접' 또는 '손수'의 의미를 가진 **เอง** /ʔe:ŋ/을 삽입하여 다시 써 보면 직접성 조건을 갖추고 있는지의 여부를 판단할 수 있다.

① ทำ / tham / 구문의 직접성 조건

(29) a. **สักกะ** **ทำ** **กระจก** **แตก**
sakka tham kracok tɛ:k
싹까 [사동] 거울 깨지다
싹까는 거울을 깨뜨렸다.

b. **สักกะ** **ทำ** **กระจก** **แตก** **เอง**
sakka tham kracok tɛ:k ʔe:ŋ
싹까 [사동] 거울 깨지다 손수
싹까는 손수 거울을 깨뜨렸다.

위의 예문 (29b)에서 **เอง** / ʔe:ŋ / 은 **ทำ** / tham / 만을 수식할 수 있다. 이때 문장의 의미는 **สักกะ** / sakka / 의 직접적인 접촉에 의해 거울이 깨지는 사건을 기술하는 것이다. 만약 간접적인 방법에 의해 거울이 깨어지는 사건이라면 **ทำให้** / thamhaj / 구문에 의해 기술되어야 한다.

② ให้ / haj / 구문의 직접성 조건

(30) a. **พ่อแม่** **ให้** **ลูก** **ไปเที่ยว**
phɔ:mɛ: haj lu:k pajthiaw
부모 [사동] 자식 놀러가다

부모님은 자녀가 놀러 가게 하신다.

b. **พ่อแม่ ให้ ลูก ไปเที่ยว เอง**
phɔ:mɛ: haj lu:k pajthiaw ʔe:ŋ
부모 [사동] 자식 놀러가다 손수
부모님은 손수 자녀가 놀러 가게 하신다.

위의 예문 (30b)에서 **เอง** / ʔe:ŋ / 은 **ให้** / haj / 또는 **ไปเที่ยว** / pajthiaw / 을 수식할 수 있다. 이때 문장의 의미는 중의성을 지니게 된다. **เอง** / ʔe:ŋ / 이 **ให้** / haj / 를 수식하는 경우에 부모의 허락이나 권유에 의해 자녀가 놀러 가는 것이며 **ไปเที่ยว** / pajthiaw / 를 수식하는 경우에 보호자 없이 자녀들끼리 놀러 가게 한다는 의미를 기술한다. 그러나 어쨌든 간에 부모가 자녀가 놀러 가는 행위에 직접 개입하지는 못하는 경우를 기술하는 것으로 직접성의 조건을 충족시키지 못한다.

③ ทำให้ / thamhaj / 구문의 직접성 조건

(31) a. **เขา ทำให้ งาน เสีย หมด**
khao thamhaj ŋa:n sia mot
그 [사동] 일 그르치다 모두
그는 일을 모두 그르치게 만들었다.

b. **เขา ทำให้ งาน เสีย หมด เอง**
khao thamhaj ŋa:n sia mot ʔe:ŋ
그 [사동] 일 그르치다 모두 손수
그는 손수 일을 모두 그르치게 만들었다.

위의 예문 (31b)에서 **เอง** / ʔe:ŋ /은 **ทำให้** / thamhaj / 또는 **เสีย** / sia / 를

수식할 수 있으며 그가 일을 그르치게 하는 사건에 직접 개입하거나 간접적으로 개입하는 경우 모두를 기술할 수 있다. 따라서 **ทำให้** /thamhaj/ 구문은 직접성 조건을 갖추고 있음을 알 수 있다.

c. 수행성 조건: 사동자의 사동 행위 이후에 피사동자의 피사동 행위가 반드시 수행되어야 한다.

시험하고자 하는 사동문을 수행성 조건을 갖추고 있는지를 시험해 보기 위하여 모순의 의미 관계를 나타나는 **แต่** / tɛ: / ……**ไม่** / maj / 구문으로 연결시켜 보기로 한다.

① ทำ / tham / 구문의 수행성 조건

(32) a. **สักกะ** **ทำ** **กระจก** **แตก**
sakka tham kracok tɛ:k
싹까 [사동] 거울 깨지다
싹까는 거울을 깨뜨렸다.

b. * **แต่** **กระจก** **ไม่** **แตก**
tɛ: kracok maj tɛ:k
그러나 거울 아니 깨지다
그러나 거울은 깨지지 않았다.

위의 **ทำ** / tham / 구문 (32a)에서 사동문의 피사동 사건이 수행되기 때문에 이를 부정하는 연결문 (32b)가 비문으로 나타난다. 따라서 태국어의 **ทำ** / tham / 구문은 수행성의 조건을 갖추고 있음을 알 수 있다.

② ให้ha? / 구문의 수행성 조건

(33) a.

พ่อแม่	**ให้**	**ลูก**	**ไปเที่ยว**
phɔ:mɛ:	haj	lu:k	pajthiaw
부모	[사동]	자식	놀러가다

부모님은 자녀가 놀러 가게 하신다.

b.

แต่	**ลูก**	**ไม่**	**ไปเที่ยว**
tɛ:	lu:k	maj	pajthiaw
그러나	자식	[부정]	놀러가다

그러나 자식은 놀러 가지 않는다.

위의 **ให้** / haj / 구문 (33a)는 사동문의 피사동 사건이 수행되지 않을 수 있기 때문에 사동문과 역접의 관계를 갖는 연결문 (33b)가 정문으로 나타난다.

③ ทำให้ / thamhaj / 구문의 수행성 조건

(34) a.

เธอ	**ทำให้**	**ฉัน**	**เสียใจ**
thɤ:	thamhaj	chan	siacaj
너	[사동]	나	속상하다

너는 나를 속상하게 했다.

b. *

แต่	**ฉัน**	**ไม่**	**เสียใจ**
tɛ:	chan	maj	siacaj
그러나	나	[부정]	속상하다

그러나 나는 속상하지 않았다.

위의 **ทำให้** / thamhaj / 구문 (34a)는 사동문의 피사동 사건이 반드시 수행되기 때문에 사동문과 역접의 관계를 갖는 연결문 (34b)가 비문으로 나타난다.

이상에서 살펴본 바와 같이 롭 / tham / 구문은 의도성 조건을 충족시키지 못하고 있으며 **ให้** / haj / 구문은 직접성 조건과 수행성 조건을 충족시키지 못하고 있다. 이에 비해 **ทำให้** / thamhaj / 구문만은 사동 조건을 모두 충족시키는 사동문임을 알 수 있다. 따라서 지금까지의 분석과는 달리 태국어의 **ให้** / haj / 구문은 사동이 되기 위한 필수 조건인 수행성 조건을 충족시키지 못하므로 **ให้** / haj / 구문에 의해 나타나는 사동의 의미를 "의사사동"으로 분류하기로 한다. 또한 **ทำ** / tham / 구문은 의도성 조건을 충족시키지 못하므로 전형적인 사동의 틀에서 벗어나는 사동의 의미를 나타내는 반면에 **ทำให้** / thamhaj / 구문은 세 가지의 사동 조건을 모두 갖추고 있으므로 가장 전형적인 사동으로 분류할 수 있다.

지금까지 살펴본 태국어의 사동과 관련하여 태국어가 가지고 있는 사동 표현상의 특징과 사동과 타동 그리고 사동과 피동의 개념에 대해서 살펴보았다. 그리고 사동에 대한 통사적 의미적 기준을 설정하여 사동의 개념을 정의하고 이에 따른 태국어의 사동 유형을 살펴보았다. 그 결과 태국어의 어휘적 사동은 특정한 동사가 지닌 의미 관계에 의해서 나타나는 사동 의미이며 통사적으로는 **ทำ** / tham / 구문과 **ให้** / haj / 구문 그리고 **ทำให้** / thamhaj / 구문이 절을 보충어로 취하는 형태로 사동 표현을 실현시키는 사동법이 성립된다. 그러나 **ให้** / haj / 구문은 지금까지의 분석과는 달리 수행성 조건을 충족시키지 못하므로 의사 사동구문으로 분석되었다. 이를 바탕으로 다음 장에서 태국어의 사동 표현이 어떻게 실현되는가를 기술하게 될 것이다.

제 4 장

사동의 실현 방법

04

1절 사동의 유형과 실현 방법
2절 태국어의 어휘적 사동
3절 ทำ/tham/의 기능과 사동 표현
4절 ให้/haj/의 기능과 사동 표현
5절 ทำให้/thamhaj/의 기능과 사동 표현
6절 보문소 ให้/haj/의 기능과 사동 표현
7절 부사화소 ให้/haj/의 기능과 사동 표현

제 4 장 사동의 실현 방법

본 장에서는 태국어에서 사동 표현이 어떻게 실현되는가를 살펴보기로 한다. 태국어에서 사동의 의미를 지닌 어휘들이 사동 표현을 실현시킬 수 있는 조건을 설정하고 통사적으로 사동을 표현하는 **ทำ** / tham / 과 **ทำให้** / thamhaj / 그리고 **ให้** / haj / 가 어떠한 통사적 분포를 보이며 여러 가지 통사적 조건에서 어떠한 기능을 하는지를 상세히 기술한 후에 이들이 사동 표현을 실현시키는 통사적 조건을 규정해 보기로 한다.

1절 사동의 유형과 실현 방법

일반적으로 사동을 실현시키는 유형에는 어휘적 사동과 형태적 사동 그리고 통사적 사동이 있다. 여러 언어에서 사동을 실현시키는 방법과 그 유형에 대해서 간략하게 살펴보면 다음과 같다.

Ⅰ. 어휘적 사동

어휘적 사동은 어휘 자체에 사동의 의미를 갖는 동사에 의해 사동을 실현하는 방법이다. 이러한 사동사에는 의미적으로 대응하는 비사동사가 있는 것이 보통이다. 이를테면 영어의 'kill'과 'die' 또는 우리말의 '시키다'와 '하다' 등이 그것이다. 단어의 형태 변화가 없는 고립어에서는 동사나 형용사가 형태의 변화 없이 사동사로 사용되는 경우가 있다. 중국어에 나타나는 어휘적 사동의 예를 들면 다음과 같다.

(1)	hou	qi	qiang－yuan
	두껍게 하다	그	벽돌－들
	그 벽돌들을 두껍게 한다.		

위의 예문에서 hou는 일반적으로 '두껍다'는 의미를 지닌 형용사이나 사람이 주어로 사용되는 문장에서 사동문을 실현시키는 사동사의 기능을 한다. 이와 같이 특정한 동사의 의미에 따라 나타나는 어휘적 사동에서는 대개가 어떤 사건의 결과를 나타낸다.(Charles1976: 478－480) 일반적으로 어휘적 사동은 사동 표현의 실현에 있어서 생산성이 낮은 편이다.

Ⅱ. 형태적 사동

형태적 사동법이란 동사나 형용사에 사동의 의미를 나타내는 형태소가 결합하여 사동사를 파생시키고 그 파생동사에 의해 사동 표현을 실현하는 사동법을 말한다. 터키어와 일본어에 나타나는 형태적 사동의 예를 보면 다음과 같다.

(2)	Hasan	ben－ni	agla－t－ti
	하산	나－Acc	울다－Caus－Past
	하산이 나를 울렸다.		

(3)	Taroo－ga	Ziroo－o	komar－sase－ta
	다루－Nom	지루－Acc	멈추다－Caus－Past
	다루가 지루를 멈추게 했다.		

위의 문장 (2)에서 동사 agla '울다'에 사동 접미사/－t－/가 삽입되어 사동의 의미를 나타내고 있으며 문장 (3)에서는 동사/komar/'멈추다'에 사동접미사/－sase－/가 삽입되어 사동 표현을 실현시키고 있다. 동사나 형용사에 형태 변화가 없는 고립어에서는 형태적 사동이 실현되지 않는다.

Ⅲ. 통사적 사동

통사적 사동이란 통사적 장치에 의해 사동 표현이 실현되는 것으로 중국어의 예를 보면 다음과 같다.

(4)	Wang－po	shoushi	fang－li	ganjing	le
	왕포	정돈하다	집－안	깨끗하다	[완료]
	왕포는 집 안을 깨끗하게 했다.				

위의 예문 (4)는 사동을 나타내는 연쇄동사 구문(causative serialverb construction)에 의해 사동이 실현되는 것으로 다음과 같은 통사구조를 가지고 있다.

(5) NP1 V1 [NP_2
 object of V_1
 subject of $_{V2}$] V2

위의 문장 구조 (5)에서 NP1은 상위문의 주어이며 V1은 상위문의 동사이다. NP2는 하위문의 주어이면서 동시에 상위문 동사의 목적어이다. 그리고 V2는 하위문의 동사이다. 따라서 위의 문장 구조는 의미적으로 두 가지 내용을 기술하게 된다. 예문 (4)가 기술하는 두 가지 내용을 분리해서 나타내 보면 다음과 같다.

(5) a.

NP1	V1	NP2
Wang－po	shoushi	fang－li
왕포	정돈하다	집－안

왕포는 집 안을 정돈하였다.

b.

Np2	V2
fang－li	ganjing
집－안	깨끗하다

집 안이 깨끗해졌다.

위에서 살펴본 중국어의 사동문의 구조와 의미적 관계는 태국어와 유사함을 보이고 있다. 이는 중국어가 태국어와 같은 고립어이기 때문인 것으로 생각된다.

2절 태국어의 어휘적 사동

태국어에서 일부 타동사는 두 가지의 사건을 기술하는 경우가 있다. 이때 문장의 내용이 사건의 원인과 결과를 표현하는 경우에는 사동 표현이 될 수 있다. 아래의 예문을 보기로 하자.

(6) a. **สมหญิง หัก กิ่งไม้**
somjiŋ hak kiŋma:j
쏨잉 부러뜨리다 나뭇가지
쏨잉이 나뭇가지를 부러뜨렸다.

b. **กิ่งไม้ หัก**
kiŋma:j hak
나뭇가지 부러지다
나뭇가지가 부러졌다.

(7) a. **แม่ ตำ พริก**
mɛ: tam phrik
어머니 빻다 고추
어머니가 고추를 빻는다.

b. **พริก ตำ (ละเอียด)**
phrik tam laia:t
고추 빻다 곱다
고추가 (곱게) 빻아졌다.

문장 (6a)와 (7a)에서 동사 หัก / hak / , ทำ / tam / 등은 일반적으로 행위자가 주어인 문장에서 타동사로 쓰이지만 의미상으로 목적어에 대해 어떤 변화를 발생시키는 경우에는 사동사의 성격을 갖게 된다. 위의 문장 (6a)에서 쏨잉은 나뭇가지에 대해 어떠한 행위를 했으며 그 결과로 나뭇가지가 부러졌다는 인과 관계를 갖는 두 가지의 사건을 기술하고 있다. 또 문장 (7a)에서는 어머니가 고추에 대해 어떠한 행위를 하였고 그 결과로 고추가 빻아졌다는 인과 관계를 가지는 두 가지의 사건을 기술하고 있다. 따라서 이러한 경우에 사동 표현이 실현된다. 이러한 어휘적 사동은 일부 타동사가 지닌 의미에 의해 나타나는 사동 표현으로 문법장치에 의해 나타나는 사동구문은 아니다.

3절 ทำ / tham / 의 기능과 사동 표현

태국어의 ทำ / tham / 은 '만들다', '하다'의 의미가 있으며 일반 동사와 경동사 그리고 사동사로 사용된다. 그리고 특정 상황 동사 대행기능을 하기도 한다. 이를 자세히 살펴보면 다음과 같다.

Ⅰ. 비사동 표현의 ทำ / tham / 의 용법

ทำ / tham / 이 사동 표현을 나타내지 않는 경우는 보충어를 절로 취하

지 않고 명사구를 취하는 경우이다. 이를 자세히 살펴보면 다음과 같다.

1) 일반동사 ทำ / tham / 의 용법

ทำ / tham / 이 일반 동사로 사용되는 경우에는 '만들다'의 의미가 있으며 타동사로서 명사구를 목적어로 취하게 된다. 예를 들면 다음과 같다.

(8)	**แม่**	**ทำ**	**กับข้าว**
	mɛ:	tham	kapkha:w
	어머니	만들다	반찬
	어머니가 반찬을 만드신다.		

(9)	**แดง**	**ทำ**	**ขนม**	**ไม่**	**เป็น**
	dɛ:ŋ	tham	khanom	maj	pen
	댕	만들다	과자	[부정]	[가능]
	댕은 과자를 만들지 못한다.				

2) 경동사 ทำ / tham / 의 용법

ทำ / tham / 이 경동사로 사용되는 경우에는 **ทำ** / tham / +NP의 형태로 나타나며 주된 의미는 NP에 있고 **ทำ** / tham / 은 단지 이에 대한 서술 형식을 갖도록 하는 기능을 한다. 예를 들면 다음과 같다.

(10)	**น้อง**	**ทำ**	**การบ้าน**	**อยู่**
	nɔ:ŋ	tham	ka:nba:n	ju:
	동생	하다	숙제	[진행]
	동생은 숙제를 하고 있다.			

(11)	**แดง**	**ทำ**	**ความสะอาด**	**ห้องเรียน**	
	dɛ:ŋ	tham	kwa:msaʔa:t	hɔ:ŋian	
	댕	하다	청소	교실	

댕은 교실 청소를 한다.

(12)	**เรา**	**จะ**	**ทำ**	**พิธีเปิด**	**พรุ่งนี้**
	rao	caʔ	tham	phithi:pɤ:t	phuruŋni:
	우리	[미래]	하다	개회식	내일

우리는 내일 개회식을 할 것이다.

3) 특정 상황 동사 대행 용법

태국어의 **ทำ** / tham / 에 대응되는 한국어의 ‘하다’가 특정 상황 동사 대행 기능을 하는 경우가 있다.(서정수, 1996: 350−355) 태국어의 **ทำ** / tham / 도 특정 상황을 나타내는 동사를 대행하는 경우가 있다. 이때 **ทำ** / tham / +NP의 형태로 나타나며 이 NP는 동작성이나 상태성 의미를 전혀 지니고 있지 않다. 롭 / tham / 은 후행어를 서술적 기능을 갖도록 해주는 동시에 태국어 사용자들이 공감하는 특정한 상황에서 **ทำ** / tham / +NP가 갖는 의미와 관련된 ‘추상적 동사’를 대신한다. 예를 들면 다음과 같다.

(13)	**พ่อ**	**ทำ**	**สวน**	**ที่**	**ต่างจังหวัด**
	phɔ:	tham	suan	thi:	ta:ŋcaŋwat
	아버지	하다	과수원	에서	지방

아버지는 지방에서 과수원을 하신다.

(14)	**แม่**	**จะ**	**ไป**	**ทำ**	**ผม**	**ที่**	**ร้านเสริมสวย**
	mɛ:	caʔ	paj	tham	phom	thi:	ra:nsɤmsuaj
	어머니	[미래]	가다	하다	머리	에서	미장원

어머니는 미장원에 머리를 하러 가실 것이다.

(15)	**ยา**	**ไป**	**ทำ**	**ฟัน**	**ตอนเย็น**
	ja:	paj	tham	fan	tɔ:njen
	할머니	가다	하다	치아	저녁에

할머니는 저녁에 이를 하러 가신다.

Ⅱ. 사동사 용법

태국어의 **ทำ** / tham / 이 가진 중요한 기능 중의 하나는 사동문을 만든다는 것이다. 이때의 **ทำ** / tham / 은 보충어로서 반드시 절을 요구한다. 예를 들면 다음과 같다.

(16)	**น้อย**	**ทำ**	**กระเป๋า**	**หาย**
	nɔ:j	tham	krapao	ha:j
	너이	만들다	가방	사라지다

너이는 가방을 잃어버렸다.

(17)	**น้อง**	**ทำ**	**ต้นไม้**	**หัก**
	nɔ:ŋ	tham	tonma:j	hak
	동생	만들다	나무	부러지다

동생은 나무를 부러뜨렸다.

ทำ / tham / 이 사동사의 기능을 할 때 보충어로 절을 취한다는 것은

의문문 변형을 통해 확인할 수 있다. 앞의 문장 (16)을 의문문으로 변형시키면 다음과 같이 된다.

(18) a. **น้อย** **ทำ** **อะไร**
nɔ:j tham ʔaraj
너이 하다 무엇
너이는 무엇을 했니?

b. ***ทำ** **กระเป๋า**
tham krapao
하다 가방
가방을 했다.

c. **ทำ** **กระเป๋า** **หาย**
tham krapao ha:j
하다 가방 사라지다
가방을 잃어버렸다.

위의 예문 (18c)에서 보는 바와 같이 **ทำ** / tham / 이 취하는 것은 다음에 오는 NP가 아니라 그 NP와 VP로 이루어진 절임을 알 수 있다. 만약에 **ทำ** / tham / 뒤에 나오는 NP와 VP가 절을 이루지 않고 NP가 **ทำ** / tham / 의 목적어인 구조를 갖는 경우에는 NP와 VP 사이에 부사화소 **ให้** / haj / 가 삽입된다. 이에 대한 자세한 논의는 제5장에서 하기로 한다.

Ⅲ. ทำ / tham / 사동구문의 하위문의 구조

ทำ / tham / 이 사동사로 사용되는 경우에 하위절은 자동사가 사용되는 자동사문만이 올 수 있다. 따라서 하위문의 구조는 S Vi의 구조를 갖는다. 위의 예문 (16)의 문장구조를 살펴보면 다음과 같다.

(19)	น้อย	ทำ	กระเป๋า	หาย
	nɔ:j	tham	krapao	ha:j
		[S		Vi]
	S	Vt		O
	너이	[사동]	가방	사라지다

너이는 가방을 잃어버렸다.

만약에 ทำ / tham / 사동구문에서 하위문이 S V O, S Vtt, O I의 구조를 갖는 구문이 오면 의미상으로 어색한 문장이 된다. 다음의 예를 보기로 하자.

(20)	*ฉัน	ทำ	แดง	กวาด	บ้าน
	chan	tham	dɛ:ŋ	kwa:t	ba:n
	나	[사동]	댕	쓸다	집

나는 댕이 집을 쓸게 만들었다.

(21)	*เขา	ทำ	ฉัน	แจ้ง	ข่าว	แก่	หัวหน้า
	khao	tham	chan	cɛ:ŋ	kha:w	kɛ:	huana:
	그	[사동]	나	통보하다	소식	에게	반장

그는 내가 반장에게 소식을 알리게 만들었다.

위의 예문들이 비문이 되는 이유는 ทำ / tham / 사동구문이 의미적 특성상 시킴행위가 의도성이 없는 경우에 한하기 때문인 것으로 보인다. 이에 대한 자세한 내용은 다음 장에서 논하기로 한다.

4절 ให้ / haj / 의 기능과 사동 표현

어라타이(๒๕๑๓ : ๘๐-๙๔/ 1970: 80－94)는 태국어의 ให้ / haj / 가 사동문을 만들 수 있음을 지적하고 이를 사동화 타동사(**สกรรมกริยาเหตุกัต**)로 분류한 바 있다. 그러나 어라타이의 분석은 모국어 화자의 언어 직관에 의한 것으로 ให้ / haj / 가 어떤 조건에서 무슨 구조로 사동을 실현시키는가에 대한 분석이 결여되어 있다. 여기서는 이러한 어라타이의 사동화 타동사에 대한 설명을 바탕으로 태국어의 ให้ / haj / 가 사동 표현을 실현시키는 조건과 통사적 특징을 살펴보기로 한다. 태국어에서 목적어를 절로 취하는 동사의 예는 다음과 같다.

(22)	**นิด**	**ให้**	**น้อง**	**นอน**	
	닛	[사동]	동생	자다	
	닛은 동생이 자게 하였다.				
(23)	**แดง**	**อนุญาต**	**ให้**	**นิต**	**มา**
	dɛ:ŋ	ˀanuja:t	haj	nit	ma:
	댕	허락하다	[보문소]	닛	오다

댕은 닛이 오게 허락하였다.

(24)	**เขา**	**ตั้งใจ**	**ว่า**	**จะ**	**ไป**	**โรงเรียน**
	khao	taŋcaj	wa:	caʔ	paj	ro:ŋrian
	그	결심하다	[보문소]	[미래]	가다	학교

그는 학교에 가기로 결심하였다.

위의 예문에서 **ให้** / haj / 는 **น้องนอน** / nɔ:ŋ nɔn / 을, **อนุญาต** / ʔanuja:t / 은 **ให้นิตมา** / haj nit ma: / 를 그리고 **ตั้งใจ** / taŋcaj / 는 **ว่าจะไปโรงเรียน** / wa: caʔ paj ro:ŋrian / 을 각각 목적어로 취하고 있다.

Ⅰ. 목적어를 절로 취하는 동사의 통사적 특징

사동사 **ให้** / haj / 의 통사적 특징을 알아보기 위하여 목적어를 절로 취하는 동사들은 일반 동사들과 어떠한 통사적 차이를 가지고 있는지를 알아보기로 하자.

1) 전치 조동사의 삽입

자동사와 타동사 그리고 이중목적어 동사에는 전치 조동사를 삽입할 수 있다. 다음은 그 예이다.

(25)	**เขา**	**จะ**	**วิ่ง**
	khao	ca:	wiŋ

그 [미래] 달리다

그는 달릴 것이다.

(26)

เด็ก	**อยาก**	**นอน**
dek	ja:k	nɔ:n
아이	[희망]	자다

아이는 자고 싶어 한다.

(27)

แม่	**กำลัง**	**ดู**	**หนัง**
mɛ:	kamlaŋ	du:	naŋ
어머니	[진행]	보다	영화

어머니는 영화를 보고 계신다.

(28)

พี่	**อาจ**	**ต้องการ**	**หนังสือ**
phi:	ʔa:t	tɔ:ŋka:n	naŋsɯ:
형	[추측]	원하다	책

형은 책을 원할 것이다.

(29)

เขา	**เคย**	**ถาม**	**ปัญหา**	**ครู**
khao	khɤ:j	tha:m	panha:	khru:
그	[경험]	묻다	문제	선생

그는 선생님께 질문한 적이 있다.

(30)

แดง	**เพิ่ง**	**แจก**	**รางวัล**	**นักเรียน**
dɛ:ŋ	phɤŋ	cɛ:k	ra:ŋwan	nakrian
댕	[완료]	나눠주다	상	학생

댕은 지금 막 학생에게 상을 나누어 준다.

위의 예문 (25), (26)은 자동사 구문이며 문장 (27), (28)은 타동사 구문 그리고 문장 (29), (30)은 이중목적어 동사 구문이다. 태국어의 동사들은 일반적으로 동사의 앞에 전치 조동사의 삽입을 허용한다. 사동사 **ให้** / haj / 는 조동사가 아니라 목적어를 절로 취하는 타동사이다. 태국어에서 **ให้** / haj / 를 비롯한 목적어를 절로 취하는 일부 동사들 앞에도 전치 조동사의 삽입이 가능하다.

(31)	**นิด**	**จะ**	**ให้**	**น้อง**	**นอน**
	nit	ca:	haj	nɔ:ŋ	nɔ:n
	닛	[미래]	[사동]	동생	자다

닛은 동생을 자게 할 것이다.

(32)	**แดง**	**อยาก**	**อนุญาต**	**ให้**	**นิด**	**มา**
	dɛ:ŋ	ja:k	ˀanuja:t	haj	nit	ma:
	댕	[희망]	허락하다	[보문소]	닛	오다

댕은 닛이 오게 허락하고 싶다.

(33)	**เขา**	**เคย**	**ตั้งใจ**	**ว่า**	**จะ**	**ไป**	**โรงเรียน**
	khao	khɤ:j	taŋcaj	wa:	caˀ	paj	ro:ŋrian
	그	[경험]	결심하다	[보문소]	[미래]	가다	학교

그는 학교에 가려고 결심한 적이 있다.

위의 예문들에서 보는 바와 같이 사동사도 일반 동사와 마찬가지로 동사 앞에 전치 조동사를 삽입할 수 있다.

2) 동사 후행 요소의 형태

태국어에서 동사 다음에 나오는 요소는 명사구 형태를 띠고 있는 목적어이다. 단 자동사의 경우에는 목적어를 취하지 않으므로 후행 요소가 없다. 일반 타동사 구문과 이중목적어 동사 구문에서 후행요소가 절이 될 수 있는지를 검토하기 위해 어라타이(๒๕๑๓ / 1970)가 제시한 일반 타동사의 예문을 그대로 옮겨 보면 다음과 같다.

(34)	**แม่**	**ดู**	**เด็ก**	**นอน**
	mɛ:	du:	dek	nɔ:n
	엄마	보다	아이	자다
	엄마가 자는 아이를 본다.			

(35)	**แดง**	**ต้องการ**	**ให้**	**นิด**	**มา**
	dɛ:ŋ	tɔ:ŋka:n	haj	nit	ma:
	댕	원하다	[보문소]	닛	오다
	댕은 닛을 오게 하기를 원한다.				

(36)	**เขา**	**คิด**	**ว่า**	**จะ**	**ไป**	**โรงเรียน**
	khao	kit	wa:	caˀ	paj	ro:ŋrian
	그	생각하다	[보문소]	[미래]	가다	학교
	그는 학교에 가겠다고 생각한다.					

어라타이는 위의 예문을 모두 목적어를 절로 취하는 문장으로 보고 있다. 그러나 문장 (29)의 목적어를 **เด็กนอน** / deknɔ:n / 은 '아이가 자고 있다'는 주어－술어의 구조를 가지고 있는 절로 분석할 수도 있으나 **เด็กที่นอน** / dek thi: nɔ:n / '자고 있는 아이'에서 **ที่** / thi: / 가 생략된 것 명사구로 볼 수도 있다. 그리고 문장은 (35)와 (36)의 경우에는 하위문이 절의 구조를 가지고 있다는 설명에 대한 객관적인 증명이 필요하다. 어라타이가 제시하는 이중목적어 동사 구문의 예에서도 마찬가지이다. 그의 예문을 그대로 옮겨 보면 다음과 같다.

(37)	ฉัน	ถาม	แดง	ว่า	จะ	มา	ไหม
	chan	tha:m	dɛ:ŋ	wa:	ca:	ma:	maj
	나	묻다	댕	[보문소]	[미래]	오다	의문조사

나는 댕에게 오겠느냐고 물었다.

(38)	เขา	บอก	เด็ก	ว่า	จะ	ทำ
	khao	bɔ:k	dek	wa:	caʔ	tham
	그	말하다	아이	[보문소]	[미래]	하다

그는 아이에게 하겠다고 말했다.

(39)	ครู	แจก	รางวัล	เด็ก	เรียน	ดี
	khru:	cɛ:k	ra:ŋan	dek	rian	di:
	선생	나눠주다	상	아이	배우다	잘

선생님이 공부를 잘 하는 학생들에게 상을 나누어 준다.

위의 문장 (37)과 (38)은 목적어가 **ว่า** / wa: / 로 유도되는 인용문의 성격을 가지고 있다. 그러나 문장 (39)의 **เด็กเรียนดี** / dek rian di: / 는 주어-술어 관계가 아닌 피수식어-수식어 관계를 가지고 있는 명사구이다. 따라서 이중목적어 동사 구문에서 목적어로 절을 취하고 있는 문장은 예문 (37)과 (38)이다.

이상에서 살펴본 바와 같이 목적어를 절로 취하는 동사에 대한 어라타이의 기술에는 동사 뒤에 오는 NP와 VP가 절의 구조를 갖고 있다는 객관적인 증명이 결여되어 있음을 알 수 있다. 이를 증명하기 위하여 목적어를 절로 취하는 동사의 목적절이 어떤 문장 구조를 가질 수 있는지를 알아보기로 하자.

① S Vi

(40)

เขา	ต้องการ	ให้	ฉัน	นั่ง
khao	tɔ:ŋka:n	haj	chan	naŋ
그	원하다	[보문소]	나	앉다

그는 나를 앉히기를 원했다.

(41)

สั่ง	ให้	เขา	ยืน
saŋ	haj	khao	jɯ:n
시키다	[보문소]	그	서다

그가 서게 시켜라.

② S Vt O

(42)

แดง	จ้าง	ให้	เขา	ดาย	หญ้า
dɛ:ŋ	ca:ŋ	haj	khao	da:j	ja:
댕	고용하다	[보문소]	그	베다	풀

댕은 사람을 사서 풀을 베게 했다.

(43)

แนะนำ	ให้	เขา	ปิด	หน้าต่าง
nɛ:nam	haj	khao	pit	na:ta:ŋ
조언하다	[보문소]	그	닫다	창문

그에게 창문을 닫도록 말해 주어라.

③ S Vtt O I

(44)

เขา	หั่ง	ให้	ดำ	ป้อน	ข้าว	น้อง
khao	saŋ	haj	dam	pɔ:n	kha:w	nɔ:ŋ

그 시키다 [보문소] 담 먹이다 밥 동생
그는 담한테 동생에게 밥을 먹이라고 시켰다.

(45) **ขอร้อง ให้ เขา คืน เงิน เพื่อน**
khɔːrɔŋ haj khao khɯːn ŋɤːn phɯan
애원하다 [보문소] 그 갚다 돈 친구
그에게 친구 돈을 갚으라고 애원했다.

위의 예문들에서 보는 바와 같이 절을 목적어로 취하는 동사들의 하위문 구조는 매우 다양하다. 따라서 태국어에서 목적어를 절로 취하는 일부 동사들 다음에 오는 NP와 VP는 절의 구조를 가지고 있다는 사실을 확인할 수 있다.

Ⅱ. 의사사동을 나타내는 ให้ / haj /

앞에서 살펴본 바와 같이 태국어의 ให้ / haj / 는 복문에서 상위문이나 하위문에 나타날 수 있다. 그러나 상위문에 나타나는 ให้ / haj / 와 하위문에 나타나는 ให้ / haj / 는 그 기능이나 성격이 다르다. 이를 자세히 살펴보면 다음과 같다.

1) ให้ / haj / 가 상위문의 동사인 경우에는 전체 문장이 사동문이 되며 하위문은 ให้ / haj / 의 보충어가 된다. 예를 들면 다음과 같다.

(46)	**นิด**	**ให้**	**เด็ก**	**กวาด**	**บ้าน**
	nit	haj	dek	kwa:t	ba:n
	닛	[사동]	아이	쓸다	집
	닛은 아이가 집을 쓸게 한다.				

(47)	**แม่**	**ให้**	**ลูก**	**ไป**	**โรงเรียน**
	mɛ:	haj	lu:k	paj	ro:ŋrian
	어머니	[사동]	아이	가다	학교
	어머니는 아이가 학교에 가게 했다.				

위의 예문에서 문장 (46)의 **เด็กกวาดบ้าน** / dek kwa:t ba:n / 은 상위문의 동사 **ให้** / haj / 가 요구하는 보충어로 명사절의 형태를 띠고 있으며 목적어의 역할을 하게 된다. 마찬가지로 문장 (47)의 **ลูกไปโรงเรียน** / lu:k paj ro:ŋrian / 은 상위문의 동사 **ให้** / haj / 가 요구하는 보충어로 명사절의 형태를 띠고 있으며 목적어의 역할을 하게 된다.

2) **ให้** / haj / 가 하위문의 앞머리에 나타나는 경우에는 보문소 또는 부사화소의 기능을 한다. 이때의 **ให้** / haj / 는 사동의 의미를 나타내는 것으로 보기 어렵다. 예를 들면 다음과 같다.

(48)	**แดง**	**อนุญาต**	**ให้**	**ฉัน**	**มา**
	dɛ:ŋ	ʔanuja:t	haj	chan	ma:
	댕	허락하다	[보문소]	나	오다
	댕은 나를 오게 허락했다.				

(49)	**แดง**	**ทำ**	**กับข้าว**	**ให้**	**ดำ**	**กิน**
	dɛ:ŋ	tham	kapkha:w	haj	dam	kin
	댕	만들다	반찬	-게	담	먹다

댕은 반찬을 만들어 담이 먹게 했다.

위의 예문 (48)에서 상위문의 동사는 **อนุญาต** / ʔanuja:t / 이다. **ให้ฉันมา** / haj chan ma: / 가 보충어로 명사절의 형태를 띠고 있으며 목적어 역할을 하고 있다. 이때의 **ให้** / haj / 는 하위문을 유도하는 보문소의 기능을 한다. 문장 (49)에서 **ทำ** / tham / 이 상위문의 동사이고 **กับข้าว** / kapkha:w / 가 목적어이다. **ให้ดำกิน** / damkin / 은 부가어로 상위문의 동사를 수식하는 부사절의 역할을 하고 있다. 이때의 **ให้** / haj / 는 하위문을 부사화시켜 주는 부사화소의 기능을 한다.

이상에서 본 바와 같이 태국어의 동사 **ให้** / haj / 가 상위문의 동사로 사용될 때 사동 표현이 실현됨을 알 수 있다. 다음에는 이러한 **ให้** / haj / 의 통사적 분포를 살펴보기로 한다.

Ⅲ. 의사사동을 표현하는 ให้ / haj / 구문의 통사적 구조

태국어에서 의사사동을 표현하는 **ให้** / haj / 의 통사적 분포는 크게 보면 다음과 같이 두 가지의 구조를 갖게 된다.

① S Vt O

(50)	**แดง**	**ให้**	**น้อง**	**กวาด**	**บ้าน**
	dɛ:ŋ	haj	nɔ:ŋ	kwa:t	ba:n
	댕	[사동]	동생	쓸다	집

댕은 동생이 집을 쓸게 했다.

(51) เขา ให้ เธอ รด น้ำ ต้นไม้
khao haj thɤ: rot na:m tonma:j
그 [사동] 그녀 뿌리다 물 나무
그는 그녀가 나무에 물을 주게 했다.

② Vt O

(52) ให้ เขา จ่าย เงิน
haj khao ca:j ŋɤ:n
[사동] 그 지불하다 돈
그가 돈을 지불하게 해라.

위와 같이 ให้ / haj / 의 분포가 나타나는 것은 ให้ / haj / 가 조동사가 아니라 본동사임을 뒷받침해 주는 또 다른 증거가 될 수 있다.

ให้ / haj / 가 취할 수 있는 하위절의 구조는 자동사문 (S Vi)과 타동사문(S Vt O) 그리고 이중목적어 동사문 (S Vtt O I)이 모두 올 수 있다. 이는 ให้ / haj / 다음에 오는 NP와 VP가 절의 구조를 가지고 있기 때문이다. 이에 대한 예를 들면 다음과 같다.

① S Vi

(53) ครู ให้ เขา วิ่ง
khru: haj kho wiŋ
선생 [사동] 그 달리다
선생님은 그가 달리게 하셨다

(54) ให้ เขา ยืน
haj khao jɯ:n

[사동]	그	서다	

그가 서게 하시오.

② S Vt O

(55)

แดง	**ให้**	**ดำ**	**กวาด**	**บ้าน**
dɛ:ŋ	haj	dam	kwa:t	ba:n
댕	[사동]	담	쓸다	집

댕은 담이 집을 쓸게 했다.

(56)

ให้	**นิด**	**กิน**	**ข้าว**
haj	nit	kin	kha:w
[사동]	닛	먹다	밥

닛이 밥을 먹게 해라.

③ S Vtt O I

(57)

แม่	**ให้**	**ดำ**	**ป้อน**	**ข้าว**	**น้อง**
mɛ:	haj	dam	pɔ:n	kha:w	nɔ:ŋ
엄마	[사동]	담	먹이다	밥	동생

엄마는 담이 동생에게 밥을 먹이게 하셨다.

(58)

ให้	**เขา**	**ทวง**	**เงิน**	**เพื่อน**
haj	khao	thuaŋ	ŋɤ:n	phɯ:an
[사동]	그	독촉하다	돈	친구

그가 친구에게 돈을 독촉하게 해라.

5절 ทำให้ / thamhaj / 의 기능과 사동 표현

기존의 분석에서 태국어의 사동사 ทำให้ / thamhaj / 는 ทำ / tham / 과 ให้ / haj / 와 더불어 사동 표현을 실현시키는 중요한 사동사로 다루어져 왔다. ทำให้ / thamhaj / 구문은 ทำ / tham / 구문과 마찬가지로 목적어를 절로 요구한다. 예를 들면 다음과 같다.

(59)	เขา	ทำให้	งาน	เสีย	หมด
	khao	thamhaj	ŋa:n	sia	mot
	그	[사동]	일	그르치다	모두

그는 일을 모두 그르치게 만들었다.

위의 예문에서 เขา / khao / 는 상위문의 주어이며 ทำให้ / thamhaj / 가 상위문의 동사이다. งานเสียหมด / haj ŋa:n sia mot / 은 상위문의 동사가 요구하는 보충어로서 절의 형태를 띠고 있으며 목적어의 역할을 한다.

Ⅰ. ทำให้ / thamhaj / 와 [ทำ / tham / ……ให้ / haj /]의 차이

태국어의 사동사 ทำให้ / thamhaj / 는 형태상 ทำ / tham / 과 ให้ / haj / 가 결합된 형태로 이루어져 있으나 의미상으로는 'ทำ' / tham / 과 ให้ / haj / 의 결합 관계가 아니므로 ทำให้ / thamhaj / 를 하나의 동사로 보아야 한다는 것이 지금까지의 일관된 분석이었다. 그러나 그러한 분석에 얼마만큼의 타당성이 있는지는 좀 더 논의되어야 할 것이다. 이 문제에 대한 상세한 분석은 제5장에서 하기로 한다.

ทำให้ / thamhaj / 구문과 관련해서 논의해야 할 또 하나의 문제는 **ทำ** / tham / 이 상위문의 동사로 사용되고 하위문이 보문소 또는 부사화소의 기능을 하는 **ให้** / haj / 에 의해 유도되는 구문의 성격이다. 이때의 **ทำ** / tham / ……**ให้** / haj / 구문은 **ทำให้** / thamhaj / 구문과 성격이 다르다. 다음의 예문을 보기로 하자.

(60)	**เธอ**	**ทำให้**	**ฉัน**	**เสียใจ**
	thɣ:	thamhaj	chan	siacaj
	너	[사동]	나	속상하다
	너는 나를 속상하게 했다.			

(61)	**เธอ**	**ทำ**	**ฉัน**	**ให้**	**เสียใจ**
	thɣ:	tham	chan	haj	siacaj
	너	대하다	나	[보문소]	속상하다
	너는 나를 속상하게 대했다.				

위의 문장 (60)에서는 **ทำให้** / thamhaj / 가 타동사이며 **ฉันเสียใจ** / chan siacaj / 라는 목적절을 보충어로 취하고 있는 문장 구조를 가지고 있다. 이러한 경우에는 사동의 의미를 나타내고 있다. 반면에 문장 (61)에서는 동사 **ทำ** / tham / 이 요구하는 보충어는 목적어 **ฉัน**chan / 이며 **ให้เสียใจ** / haj siacaj / 는 보충어절로 동사 **ทำ** / tham / 을 수식해 주는 기능을 한다. 따라서 문장 (60)은 사동문인 반면에 문장 (61)은 사동문이 되지 못한다.

Ⅱ. **ทำให้** / thamhaj / 사동구문의 하위문의 구조

ทำให้ / thamhaj / 사동사에 의해 실현되는 사동문에서 하위문은 **ทำ** / tham / 사동구문과는 달리 자동사 구문과 타동사 구문 그리고 이중목적어 동사 구문이 모두 나타날 수 있다. 예를 들면 다음과 같다.

(62)	**สักกะ**	**ทำให้**	**กระจก**	**แตก**
	sakka	thamhaj	kracok	tɛ:k
	싹까	[사동]	거울	깨지다

싹까는 거울을 깨뜨린다.

(63)	**ฉัน**	**จะ**	**ทำให้**	**แดง**	**เปิด**	**ประตู**
	chan	caʔ	thamhaj	dɛ:ŋ	pɤ:t	pratu:
	나	[미래]	[사동]	댕	열다	문

나는 댕이 문을 열게 하겠다.

(64)	**แดง**	**ทำให้**	**นิด**	**รด**	**น้ำ**	**ต้นไม้**	**ให้**	**แม่**
	dɛ:ŋ	thamhaj	nit	rot	na:m	tonma:j	haj	mɛ:
	댕	[사동]	닛	뿌리다	물	나무	-주다	엄마

댕이 닛에게 엄마를 위해 나무에 물을 주게 했다.

이처럼 **ทำให้** / thamhaj / 구문의 하위문에 여러 가지 문장 구조가 나타날 수 있는 것은 **ทำให้** / thamhaj / 에 의해 실현되는 사동문의 의미가 의도성이나 우연성과 관계없이 모두를 나타낼 수 있기 때문인 것으로 보인다. 이에 대한 상세한 논의는 다음 장에서 하기로 한다.

6절 보문소 ให้ / haj / 의 기능과 사동 표현

태국어의 복문에서 ให้ / haj / 가 보문소의 기능을 하는 경우 문장의 의미는 순수한 사동의 의미라기보다는 주로 '명령'이나 '지시' 또는 '요구'나 '허락' 등을 나타낸다. 이에 대한 예를 들면 다음과 같다.

(65) a. สั่ง ให้ เขา ยืน

saŋ haj khao jɯ:n

시키다 [보문소] 그 서다

그가 서게 시켜라.

b. สั่ง เขา ให้ ยืน

saŋ khaohaj haj jɯ:n

시키다 그 [보문소] 서다

그를 서게 시켜라.

위의 문장 (65a)에서 보문소 ให้ / haj / 가 유도하는 하위문은 사동의 의미를 나타내는 것이 아니며 문장 전체의 의미는 순수한 사동의 의미를 벗어나 '명령'이라는 구체적인 의미가 강하다. 또한 ทำให้ / thamhaj / 구문과는 달리 상위문의 동사와 ให้ / haj / 사이에 하위문의 주어가 삽입될 수 있다. 하위문 주어의 자리를 옮겨서 다시 써 보면 위의 (65b)와 같이 된다. 이때의 ให้ / haj / 도 보문소의 기능을 하게 된다. 이와 통사적 구조가 같은 또 다른 예를 보기로 하자.

(66) a. **อนุญาต ให้ เด็ก นั่ง**
ˀanuja:t haj dek naŋ
허락하다 [보문소] 아이 앉다
아이가 앉도록 허락했다.

b. **อนุญาต เด็ก ให้ นั่ง**
ˀanuja:t dek haj naŋ
허락하다 아이 [보문소] 앉다
아이를 앉도록 허락했다.

위의 문장 (66a)에서 보문소 **ให้** / haj / 가 유도하는 하위문이 사동의 의미를 나타내는 것이 아니며 문장 전체의 의미는 순수한 사동의 의미를 벗어나 '허락'이라는 구체적인 의미가 강하다. 위의 문장 역시 **ทำให้** / thamhaj / 구문과는 달리 상위문의 동사와 **ให้** / haj / 사이에 하위문의 주어가 삽입될 수 있다. 명사구의 자리를 옮겨서 다시 써 보면 위의 (66b)와 같이 된다. 이때의 **ให้** / haj / 도 보문소의 기능을 하게 된다.

태국어에서 하위문을 유도하는 보문소 **ให้** / haj / 구문의 상위문에 나타나는 동사는 **บอก**/bɔ:k / '말하다', **แนะนำ** / nɛˀnam / '소개하다', **เตือน** / tɯan / '충고하다', **ใช้** / cha:j / '이용하다' 등과 같은 특정한 동사군으로 제한되어 있다.

Ⅰ. 보문소 ให้ / haj / 의 기능

보문소 **ให้** / haj / 는 명사절을 유도하는 기능을 한다. 이때의 보문소

ให้ / haj / 는 하위문의 문장 앞머리에 나타난다. 예를 들면 다음과 같다.

(67)	**แดง**	**ต้องการ**	**ให้**	**สมชาย**	**ไป**	**โรงเรียน**
	dɛ:ŋ	tɔ:ŋka:n	haj	somchaj	paj	ro:ŋrian
	댕	원하다	[보문소]	쏨차이	가다	학교
	댕은 쏨차이가 학교에 가기를 원했다.					

위의 예문에서 **ให้** / haj / 는 상위문 **แดงต้องการ** / dɛ:ŋ tɔ:ŋka:n / 과 하위문 **สมชายไปโรงเรียน** / somchaj paj ro:ŋrian / 을 연결시켜 주면서 하위문의 문장 앞머리에 위치하여 명사절인 하위문을 유도하는 기능을 한다. 이때 하위문은 명사절이므로 다른 명사와 대치될 수 있다. 예를 들면 다음과 같다.

(68)	**แดง**	**ต้องการ**	**น้ำดื่ม**
	dɛ:ŋ	tɔ:ŋka:n	na:mdɯ:m
	댕	원하다	음료수
	댕은 음료수를 원한다.		

보문소 **ให้** / haj / 의 이러한 기능은 이중목적어 동사 구문에서는 다르게 나타난다. 다음의 예문을 보기로 하자.

(69)	**นิด**	**บอก**	**แดง**	**ให้**	**กลับ**	**บ้าน**
	nit	bɔ:k	dɛ:ŋ	haj	klap	ba:n
	닛	말하다	댕	[보문소]	돌아가다	집
	닛은 댕에게 귀가하도록 말했다.					

위의 문장 구조를 보면 **นิดบอกแดง** / nit bɔ:k dɛ:ŋ / 이 상위문이며 **ให้กลับบ้าน** / haj klap ba:n / 은 하위문이다. 이를 **ให้** / haj / 가 연결시켜 주고

있다. 이때 하위문의 기능은 상위문의 동사를 수식하는 보충어절이며 따라서 문장 (69)의 **ให้** / haj / 는 보문소이다.

이때의 하위문을 명사절로 보는 견해도 있다. 어라타이(๒๕๑๓ / 1970)의 설명을 옮겨 보면 다음과 같다.

(70) a.

เขา	**บอก**	**แดง**	**ให้**	**กลับ**	**บ้าน**
khao	bɔ:k	dɛ:ŋ	haj	klap	ba:n
그	말하다	댕	[보문소]	돌아가다	집

그는 댕에게 집에 돌아가도록 말했다.

b.

เขา	**บอก**	**ข่าว**	**แดง**
khao	bɔ:k	kha:w	dɛ:ŋ
그	말하다	소식	댕

그는 댕에게 소식을 말했다.

위의 예문 (70a)에서 하위문 **ให้กลับบ้าน** / haj klapba:n / 은 예문 (70b)의 **ข่าว** / kha:w / 와 같은 명사이며 도치하여 문장의 뒤로 이동한다는 것이다. 그러나 이러한 분석은 **ให้** / haj / 앞에 다른 명사절을 삽입시켜 보면 그 모순이 드러난다.

(71)

เขา	**บอก**	**แดง**	**เรื่องนี้**	**ให้**	**กลับ**	**บ้าน**
khao	bɔ:k	dɛ:ŋ	rɯaŋni:	haj	klap	ba:n
그	말하다	댕이	이야기	-게	돌아가다	집

그는 댕에게 이 이야기를 해서 집에 돌아가게 했다.

(72)

แดง	**แจก**	**ขนม**	**เด็ก**	**ให้**	**กิน**
dɛ:ŋ	cɛ:k	khanom	dek	haj	kin
댕	나눠주다	과자	아이	-게	먹다

위의 예문에서 보는 것처럼 문장 (71)의 상위문의 주어는 **เขา** / khao / 이며 동사는 **บอก** / bɔ:k / 간접 목적어는 **แดง** / dɛ:ŋ / 그리고 직접 목적어는 **เรื่องนี้** / rɯaŋni: / 이다. 따라서 하위문 **ให้กลับบ้าน** / haj klapba:n / 은 명사절로 간접 목적어의 역할을 하는 것이 아니라 부사절로 선행문의 동사를 수식하는 기능을 하고 있음을 알 수 있다. 마찬가지로 문장 (72)의 상위문의 주어는 **แดง** / dɛ:ŋ / 이며 **แจก** / cɛ:k / 은 동사이고 **ขนม** / khanom / 은 직접 목적어 그리고 **เด็ก** / dek / 은 간접 목적어이다. 그리고 하위문 **ให้กิน** / haj kin / 은 상위문의 동사를 수식해 주는 부사어의 기능을 한다.

Ⅱ. 보문소 ให้ / haj / 구문의 구조

앞에서 살펴본 바와 같이 보문소 **ให้** / haj / 구문은 타동사 구문으로만 나타나며 이중목적어 동사 구문으로는 나타나지 않는다. 이러한 문형을 살펴보면 다음과 같다.

① Vt O

(73) **ต้องการ ให้ นิด กลับ บ้าน**
tɔ:ŋka:n haj nit klap ba:n
원하다 [보문소] 닛 돌아가다 집
닛이 귀가하기를 원한다.

위의 문장에서 **ต้องการ** / tɔ:ŋka:n / 은 타동사로 목적어를 요구한다. 이 때의 목적어는 명사절 **นิดกลับบ้าน** / nit klap ba:n / 이며 **ให้** / haj / 에 의해

유도되고 있다.

② S Vt O

(74)	**แดง**	**จ้าง**	**ให้**	**เขา**	**ดาย**	**หญ้า**
	dɛ:ŋ	ca:ŋ	haj	khao	da:j	ja:
	댕	고용하다	[보문소]	그	베다	풀
	댕은 사람을 사서 풀을 베게 했다.					

위의 문장에서 타동사 **จะ** / ca:ŋ / 은 목적어로 명사절 **เขาดายหญ้า** / khao da:j ja: / 를 취한다. 이때 목적절은 **ให้** / haj / 에 의해 유도된다.

Ⅲ. 보문소 ให้ / haj / 가 유도하는 명사절의 구조

태국어의 타동사 구문에서 보문소 **ให้** / haj / 가 유도하는 명사절은 다양한 구조를 가질 수 있다. 이를 자세히 살펴보면 다음과 같다.

① S Vi

(75)	**เขา**	**ต้องการ**	**ให้**	**ฉัน**	**นั่ง**
	khao	tɔ:ŋka:n	haj	chan	naŋ
	그	원하다	[보문소]	나	앉다
	그는 내가 앉기를 원했다.				

(76)	**สั่ง**	**ให้**	**เขา**	**ยืน**	
	saŋ	haj	khao	jɯ:n	
	시키다	[보문소]		그	서다

그가 서게 시켜라.

② S Vt O

(77)	**แดง**	**จ้าง**	**ให้**	**เขา**	**ดาย**	**หญ้า**
	dɛ:ŋ	ca:ŋ	haj	khao	da:j	ja:
	댕	고용하다	[보문소]	그	베다	풀

댕은 사람을 사서 풀을 베게 했다.

(78)	**แนะนำ**	**ให้**	**เขา**	**ปิด**	**หน้าต่าง**
	nɛ:nam	haj	khao	pit	na:ta:ŋ
	조언하다	[보문소]	그	닫다	창문

그에게 창문을 닫도록 말해 주어라.

③ S Vtt O I

(79)	**เขา**	**แนะนำ**	**ให้**	**ฉัน**	**จำนำ**	**นาฬิกา**	**โรงจำนำ**
	khao	nɛna:m	haj	chan	camnam	na:lika:	roŋ:camnam
	그	조언하다	[보문소]	나	잡히다	시계	전당포

그는 나에게 전당포에 시계를 저당 잡히라고 말해 주었다.

(80)	**ขอร้อง**	**ให้**	**เขา**	**คืน**	**เงิน**	**เพื่อน**
	khɔ:rɔ:ŋ	haj	khao	khɯ:n	ŋɤ:n	phɯan
	애원하다	[사동]	그	갚다	돈	친구

그에게 친구 돈을 갚으라고 애원했다.

7절 부사화소 **ให้** / haj / 의 기능과 사동 표현

태국어의 부사화소 **ให้** / haj / 가 지닌 기능은 상위문의 동사를 수식하는 부사절을 유도한다는 것이다. 이때의 하위문 구조가 사동문의 구조처럼 보이기 때문에 사동의 의미를 나타내는 것처럼 보이지만 문장 전체의 의미는 사동 표현을 나타내지 않는다. 다음의 예문을 보자.

(85)	**นิด**	**ยก**	**เก้าอี้**	**ให้**	**แขก**	**นั่ง**
	nit	jok	kaoʔi:	haj	khɛ:k	naŋ
	닛	들다	의자	-게	손님	앉다

닛은 의자를 들어 손님이 앉게 했다.

위의 문장에서 상위문은 **นิดยกเก้าอี้** / nit jok kaoʔi: / 이며 하위문은 **ให้แขกยั่ง** / haj khɛ:k naŋ / 이다. 이때 하위문은 상위문의 동사 **ยก** / jok / 을 수식해 주는 부사절 기능을 하고 있다. 이는 다음과 같은 의문문을 통해 이를 검증할 수 있다.

(86)	**นิด**	**ยก**	**เก้าอี้**	**ทำไม**
	nit	jok	kaoʔi:	thammaj
	닛	들다	의자	왜

닛은 왜 의자를 들었는가?

앞의 문장 (85)는 문장 (86)에 대한 적절한 대답이 된다. 이와 같이 **ให้** / haj / 는 상위문의 동사를 수식하는 하위문을 유도하는 기능을 하고 있음을 알 수 있다.

지금까지 살펴본 바와 같이 태국어의 복문에서 하위문의 앞에 나타나는 ให้ /haj/는 기존의 연구에서는 문장 연결 접속사로 분석해 왔으나 더 세부적으로는 상위문의 동사가 보충어를 요구하는 경우에 하위절을 유도하는 보문소의 기능을 하거나 상위문의 동사를 수식해 주는 부사절을 유도하는 부사화소의 기능을 하는 것임을 알 수 있다.

제 5 장

사동 표현의 특성과 제약

05

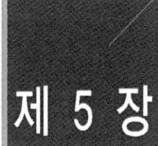

제 5 장 사동 표현의 특성과 제약

앞 장에서는 태국어의 사동 표현이 통사적으로 어떻게 실현되는가를 포괄적으로 살펴보았다. 본 장에서는 이를 토대로 태국어의 사동 표현에 어떠한 특성과 제약이 있는지를 어휘적인 측면과 통사적 측면 그리고 의미적인 측면으로 나누어 기술하고 분석하고자 한다.

1절 어휘적 사동 표현의 특성과 제약

앞에서 살펴본 바와 같이 태국어의 어휘적 사동 표현은 통사적 장치 없이 일부 타동사 구문에서 특정 동사가 지닌 의미에 의해 사동 의미가 실현되는 것이다. 그런데 이러한 타동사들이 중립 동사의 성격을 갖고 있음을 알 수 있었다. 따라서 태국어의 어휘적 사동은 다음과 같은 특성을 가지고 있다.

1) 어휘적 사동을 실현시키는 타동사 구문은 이에 대응하는 자동사 구문으로 환언했을 때 타동사 구문의 목적어는 자동사 구문의 주어로 나타나며 동사는 형태적 변화를 수반하지 않는다.

(1) a. **สมหญิ** **หัก** **กิ่งไม้**
somjiŋ hak kiŋma:j
쏨잉 부러뜨리다 나뭇가지
쏨잉이 나뭇가지를 부러뜨렸다.

b. **กิ่งไม้** **หัก**
kiŋma:j hak
나뭇가지 부러지다
나뭇가지가 부러졌다.

2) 어휘적 사동을 실현시키는 타동사 구문은 이를 **ทำให้** / thamhâj / 구문으로 환언시켰을 때 타동사 구문의 주어는 동사의 동작이나 행위의 과정이 실현되도록 만드는 사동자로서 **ทำให้** / thamhâj / 구문의 주어 자리에 나타난다.

(2) **สมหญิง** **ทำให้** **กิ่งไม้** **หัก**
somjiŋ thamhâj kiŋma:j hak
쏨잉 [사동] 나뭇가지 부러지다
쏨잉이 나뭇가지를 부러지게 했다.

2절 통사적 사동 표현의 구조적 특성과 제약

태국어의 통사적 사동 표현에는 **ทำ** / tham /, **ทำให้** / thamhâj / 사동구문과 **ให้** / hâj / 에 의한 의사사동 구문이 있음을 보았다. 지금부터 이러한 사동 표현을 실현시키는 각각의 구문들에는 통사적으로 어떠한 특성과 제약이 있는지를 분석해 보고자 한다.

Ⅰ. ทำ / tham / 사동구문의 통사적 특성과 제약

태국어의 **ทำ** / tham / 구문은 사동법에 의한 사동 표현을 실현시키는 문법장치 중의 하나이다. 본 항에서는 태국어의 **ทำ** / tham / 구문과 관련하여 어떠한 통사적 특성과 제약이 있는지를 논의해 보기로 한다.

1. 사동 동사 ทำ / tham / 의 특성과 제약

ทำ / tham / 이 사동 동사로 사용되는 **ทำ** / tham / 구문은 보충어를 절로 취하는 특성을 가지고 있다. **ทำ** / tham / 구문의 형태를 형식화시켜 보면 다음과 같다.

(3)	NP1	V1	[NP2	VP]
	แดง	**ทำ**	**ฉัน**	**ล้ม**

dɛ:ŋ	tham	chan	lom
댕	[사동]	나	넘어지다

댕은 내가 넘어지게 했다.

NP1＝상위문의 주어 (사동자)
V1＝ทำ / tham / (사동 행위)
NP2=하위문의 주어 (피사동자)
VP=하위문의 술어 (피사동 행위)

위의 문장 구조에서 NP2와 VP는 주어와 술어의 관계를 형성하며 V1의 지배를 받는다. 이는 상위문의 동사인 V1이 절을 보충어로 요구하기 때문이다. 이러한 사실은 위의 문장을 의문문 변형을 시켜보면 확인할 수 있다. 그러나 다음의 문장은 외형상으로 위의 문장 (3)과 같은 형태를 띠고 있지만 구조는 다르다.

(4)	NP1	V1	NP2	VP
	วินัย	ยิง	นก	ตาย
	winaj	jiŋ	nok	ta:j
	위나이	쏘다	새	죽다

위나이는 새를 쏘아 죽였다.

NP1＝문장의 주어
V1＝타동사
NP2＝타동사의 목적어
VP＝타동사의 수식어

앞의 예문 (3)은 ทำ / tham / 구문으로 복문이면서 사동문인 반면에 위의 문장 (4)는 단문으로 일반 타동사 구문이다. 이는 다음과 같은 의문문 변형을 통해 확인할 수 있다.

(5)	**วินัย**	**ยิง**	**อะไร**
	winaj	jiŋ	ʔaraj
	위나이	쏘다	무엇
	위나이는 무엇을 쏘았는가?		

(6)	**วินัย**	**ยิง**	**นก**
	winaj	jiŋ	nok
	위나이	쏘다	새
	위나이는 새를 쏘았다.		

위의 문장 (6)에서 보는 바와 같이 **ยิง** / jiŋ / 이 요구하는 것은 절이 아니라 명사구이다. 이는 **ยิง** / jiŋ / 이 사동 행위를 나타내는 사동사가 아니라 일반 타동사이기 때문이다. 이와 같은 일반 타동문의 VP 앞에는 부사절을 유도하는 부사화소 **ให้** / hâj / 가 나타날 수 있다. 이와 같은 문형을 형식화하면 다음과 같이 된다.

(7)	NP1	V1	NP2	(hâj)	VP
	วินัย	**ยิง**	**นก**	**ให้**	**ตาย**
	winaj	jiŋ	nok	hâj	ta:j
	위나이	쏘다	새	-게	죽다
	위나이는 새를 쏘아 죽게 했다.				

NP1 = 문장의 주어
V1 = 타동사
NP2 = 타동사의 목적어
VP = 타동사의 수식어

ทำ / tham / 사동구문의 사동 동사가 지닌 또 하나의 통사적 특징은 상위문의 주어가 1인칭인 경우에 전치 조동사 จะ / ca? / '와 어울릴 수 없다는 것이다. 이는 태국어의 ทำ / tham / 사동구문이 의미상으로 의도성이 없는 사동문을 실현시키기 때문이다. 따라서 다음과 같은 문장은 성립할 수 없다.

(8) *ฉัน จะ ทำ ต้นไม้ หัก
chan ca? tham tonma:j hak
나 [의지] [사동] 나무 부러지다
나는 나무를 부러지게 하겠다.

이상에서 본 바와 같이 태국어의 ทำ / tham / 사동구문에서 사동 동사 ทำ / tham / 은 반드시 보충어를 절로 취하고 있다. 또한 ทำ / tham / 사동구문과 같은 형태를 지닌 타동사 구문이 있을 수 있으나 이는 문장 구조가 다르며 보충어를 절로 요구하지 않는 일반 타동사 구문이다. 또 상위문의 주어가 1인칭인 경우에는 미래 또는 의지를 나타내는 조동사 จะ / ca? / 와 어울릴 수 없다는 것을 알 수 있다.

2. 피사동 동사의 특성과 제약

ทำ / tham / 사동구문에서 피사동 동사는 의미적 특성상으로 자동사만이 나타날 수 있다. 타동사 또는 이중목적어 동사가 오게 되면 대개 어색한 문장이 된다.

(9) *ฉัน ทำ นิด กิน ข้าว
chan tham nit kin kha:w
나 [사동] 닛 먹다 밥

나는 닛이 밥을 먹게 했다.

(10)	*เขา	ทำ	ฉัน	ถาม	ปัญหา	ครู
	khao	tham	chan	tha:m	panha:	khru:
	그	하다	나	묻다	문제	선생
	그는 나에게 선생님께 질문을 하게 했다.					

자동사라 하더라도 의미상으로 의지나 의도성의 의미를 지닌 동사는 올 수 없다. 따라서 다음과 같은 문장은 비문이 된다.

(11)	*ฉัน	ทำ	แดง	เดิน
	chan	tham	dɛ:ŋ	dr:n
	나	[사동]	댕	걷다
	나는 댕을 걷게 했다.			

대체적으로 사람의 감정을 나타내는 상태성 동사는 **ทำ** / tham / 사동구문의 피사동 동사로 사용될 수 있다. 다음은 그 예이다.

(12)	ฉัน	ทำ	น้อง	เสียใจ
	chan	tham	nɛ:ŋ	siacaj
	나	[사동]	동생	속상하다
	나는 동생을 상심하게 만들었다.			

이상에서 본 바와 같이 **ทำ** / tham / 사동구문의 피사동 동사는 자동사만이 올 수 있으며 자동사 중에서도 일부 특정한 동사는 올 수 없다. 이와 같은 까다로운 통사적 제약은 태국어의 **ทำ** / tham / 사동구문이 시킴 행위에 의도성이 없는 사고나 우연한 사건을 나타내는 의미적 특성이 있기 때문이다. 이에 대한 좀 더 자세한 논의는 5.3항에서 하기로 한다.

3. 부사구의 특성과 제약

태국어의 **ทำ** / tham / 사동구문에 나타나는 부사구는 상위문의 술부와 하위문의 술부를 모두 수식할 수 있다. 이는 다음과 같은 의문문 변형을 통해서 확인할 수 있다.

(13) a.

สักกะ	**ทำ**	**เครื่อง**	**ส่ง**	**สัญญาณ**	**บ่อย**	**ไหม**
sakka	tham	khrɯɔŋtɯɔn	soŋ	sanja:n	bɔ:j	maj
싹까	[사동]	경보기	보내다	신호	자주	의문조사

a)싹까는 경보기가 | 자주 울리게 했습니까?
b)싹가는 | 자주 경보기가 울리게 했습니까?

b. **บ่อย**
bɔ:j
자주
경보기가 |자주 울리게 했다.
자주 | 경보기가 울리게 했다.

c. **ทำ** **บ่อย**
tham bɔ:j
[사동] 자주
자주 | 경보기가 울리게 했다.

위의 예문에서 본 바와 같이 **ทำ** / tham / 사동구문에서 나타나는 부사구가 사동 동사만을 수식할 뿐 아니라 피사동 동사를 수식하는 구조가 형성될 수 있음을 알 수 있다.

Ⅱ. ให้ / haj / 구문의 통사적 특성과 제약

앞 장에서 살펴본 바에 따르면 태국어의 ให้ / haj / 는 매우 복잡한 통사적 분포를 통해 다양한 기능을 하고 있다. 이를 정리하여 형식화해 보면 다음과 같다.

(14) a.

NP1	V1	NP2	NP3
ครู	**ให้**	**รางวัล**	**นักเรียน**
khru:	haj	ra:ŋwan	nakrian
선생	주다	상	학생

선생님이 학생에게 상을 주었다.

b.

NP1	V1	NP2	haj	NP3
แม่	**ดุ**	**น้อง**	**ให้**	**ฉัน**
mɛ:	du?	nɔ:ŋ	haj	chan
어머니	야단치다	동생	-주다	나

어머니가 나를 위해 동생을 야단쳤다.

c.

NP1	V1	haj	(NP2)
ฉัน	**จะ**	**บอก**	**ให้**
chan	ca?	bɔ:k	haj
나	[미래]	말하다	-주다

내가 말해 주겠다.

d.

(NP1)	V1	haj	V2	
คุณ	**ทาน**	**ให้**	**หมด**	**นะ**
khun	tha:n	haj	mot	na?

당신	먹다	-게	다하다	[어조사]

남기지 말고 다 드십시오.

e.	(NP1)	V1	NP2	V2	(NP3)		
	คุณ	**ให้**	**ผม**	**มา**	**กี่**	**โมง**	**พรุ่งนี้**
	khun	haj	phɔm	ma:	ki:	mo:ŋ	pruŋni:
	당신	[사동]	저	오다	몇 시	내일	

(당신은) 저를 내일 몇 시에 오게 하시겠습니까?

f.	NP1	V1	haj	NP2	V2	(NP3)
	แม่	**ต้องการ**	**ให้**	**แดง**	**นอน**	
	mɛ:	tɔ:ŋka:n	haj	dɛ:ŋ	nɔ:n	
	엄마	원하다	[보문소]	댕	자다	

엄마는 댕을 자게 하는 것을 원하신다.

g.	NP1	V1	NP2	haj	NP3	V2	(NP4)
	แม่	**ดุ**	**น้อง**	**ให้**	**ฉัน**	**หาย**	**โกรธ**
	mɛ:	du^{ʔ}	nɔ:ŋ	haj	chan	ha:j	kro:t
	어머니	야단치다		동생	-게	나 풀어지다 화	

어머니는 내가 화가 풀어지도록 동생을 야단치셨다.

기존의 연구에 따르면 위의 문장에서 문장구조 (14a)는 **ให้** / haj / 가 이중목적어의 기능을 하는 경우이며 (14b)는 전치사 (14c)는 부동사 (14d)는 동사 연결어 (14e)는 조동사 (14f)와 (14g)는 접속사로 기능하는 경우이다. 그러나 앞장에서 우리는 문장 구조 (14b)에서 **ให้** / haj / 는 (14c)와 마찬가지로 부동사의 기능을 하는 것으로 분석하고 문장 (14d)에서는 (14g)와 마찬가지로 부사화소의 기능을 하며 (14e)에서는 사동의 의미를 나타내는 타동사 (14f)에서는 보문소의 기능을 하는 것으로 분석하여 수정한 바 있다. 이러한 문장구조 중에서 사동과 관련된 구문의 형태는 문장구조 (14e)이다. 지금부터는 태국어에서 의사사동의 의미를 나타내는 **ให้** / haj / 구문의 통사적 특성과 제약에 대해 논의해 보기로 한다.

1. 사동 동사 ให้ / haj / 의 통사적 특성과 제약

의사사동의 의미를 나타내는 **ให้** / haj / 는 보충어를 절로 취하는 특성을 가지고 있다. 만약 절을 취하지 않는 경우에는 **ให้** / haj / 의 기능이 달라져서 사동 표현이 실현되지 않는다. 아래 예문을 보기로 하자.

(15)	**แดง**	**ให้**	**น้อง**	**กวาด**	**บ้าน**
	dɛ:ŋ	haj	nɔ:ŋ	kwa:t	ba:n
	댕	[사동]	동생	쓸다	집
	댕은 동생에게 집을 쓸게 했다.				

위의 문장에서 **แดง** / dɛ:ŋ / 은 상위문의 주어이며 **ให้** / haj / 는 상위문의 동사이다. **น้องกวาดบ้าน** / nɔ:ŋ kwa:t ba:n / 은 **ให้** / haj / 가 요구하는 보충어 절이다. 이는 다음과 같이 의문문 변형을 통해 확인할 수 있다.

(16) a.	**แดง**	**ให้**	**น้อง**	**กวาด**	**บ้าน**	**ไหม**
	dɛ:ŋ	haj	nɔ:ŋ	kwa:t	ba:n	maj
	댕	[사동]	동생	쓸다	집	[의문]
	댕은 동생이 집을 쓸게 합니까?					

b. **ให้**

haj

[사동]
(쓸게) 합니다.

c. ***กวาด**
kwa:t
쓸다
씁니다.

태국어의 의문문에서 타동사일 경우에는 목적어가 생략되어 본동사만으로 대답이 가능하다. 위의 예문 (16)에 대한 답으로 **ให้** / haj / 가 나올 수 있는 것은 **ให้** / haj / 가 본동사이며 목적절 **กวาดบ้าน** / kwa:t ba:n / 이 생략될 수 있기 때문이다.

사동 표현을 실현시키는 **ให้** / haj / 구문은 **ทำ** / tham / 구문과 달리 미래나 의지를 나타내는 전치 조동사 **จะ** / caʔ / 와 어울릴 수 있다. 위의 **ให้** / haj / 구문에 **จะ** / caʔ / 를 삽입하고 주어를 1인칭으로 바꾸어 보면 다음과 같이 된다.

(17)	**ฉัน**	**จะ**	**ให้**	**น้อง**	**กวาด**	**บ้าน**
	chan	caʔ	haj	nɔ:ŋ	kwa:t	ba:n
	나	[미래]	[사동]	동생	쓸다	집
	나는 동생이 집을 쓸게 하겠다.					

위와 같이 변형이 가능한 것은 태국어의 사동 표현을 실현시키는 **ให้** / haj / 구문이 의도성을 지닌 사동의 의미를 나타내기 때문인 것으로 보인다. 이처럼 **ให้** / haj / 사동 표현 구문이 전치 조동사 **จะ** / caʔ / 의 삽입은 허용하지만 주어와 **ให้** / haj / 사이에 다른 동사의 개입을 허용하지 않는다. **ให้** / haj / 가 다른 동사와 결합하게 되면 순수한 사동 표현이 실현되지 않기 때문이다. 다음의 예문을 보기로 하자.

(18) แดง อนุญาต ให้ ฉัน มา
dɛ:ŋ ˀanuja:t haj chan ma:
댕 허락하다 [보문소] 나 오다
댕은 나를 오게 허락했다.

(19) แดง ต้องการ ให้ นิด มา
dɛ:ŋ tɔ:ŋka:n haj nit ma:
댕 원하다 [보문소] 닛 오다
댕은 닛을 오게 하기를 원한다.

위의 문장 (18)에서 **ให้** / haj / 앞에 **อนุญาต** / ˀanuja:t / 이 오면서 문장 내용은 순수한 사동의 의미를 벗어나 허락을 나타내는 문장으로 바뀌며 문장 (19)에서는 **ให้** / haj / 앞에 **ต้องการ** / tɔ:ŋa:n / 이 삽입되어 순수한 사동의 의미를 벗어나 희망이나 요구를 나타내는 문장으로 변한다. 이처럼 **ให้** / haj / 구문에서 상위문의 주어와 동사 **ให้** / haj / 사이에 **จะ** / caˀ / 를 제외한 다른 요소가 개입되어서는 안 된다는 제약이 있다.

2. 피사동 동사의 통사적 특성과 제약

사동 표현을 실현시키는 **ให้** / haj / 구문의 하위문에서 동사로 기능하는 피사동 동사는 자동사와 타동사 그리고 이중목적어 동사가 모두 올 수 있다. 따라서 하위문은 S Vi, S Vt O, S Vtt O I의 문장 구조를 가질 수 있다. 그러나 의미상으로 상태성 동사는 나타나지 못하는 제약이 있다. 예문을 들면 다음과 같다.

① S Vi

(20)

ครู	ให้	เขา	วิ่ง
khru:	haj	kho	wiŋ
선생	[사동]	그	달리다

선생님은 그를 달리게 하셨다,

② S Vt O

(21)

แดง	ให้	ดำ	กวาด	บ้าน
dɛ:ŋ	haj	dam	kwa:t	ba:n
댕	[사동]	담	쓸다	집

댕은 담에게 집을 쓸게 했다.

③ S Vtt O I

(22)

แม่	ให้	ดำ	ป้อน	ข้าว	น้อง
mɛ:	haj	dam	pɔ:n	kha:w	nɔ:ŋ
엄마	[사동]	담	먹이다	밥	동생

엄마는 담으로 하여금 동생에게 밥을 먹이게 하셨다.

그러나 자동사 구문에서 동사를 상태성 동사로 바꾸게 되면 비문이 된다. 아래의 문장은 그 예이다.

(23)

* ครู	ให้	เขา	พอใจ
khru:	haj	kho	phɔ:caj
선생	[사동]	그	만족하다

선생님은 그를 만족하게 하셨다.

위의 문장이 비문이 되는 것은 **ให้** / haj / 구문이 의미상으로 의도성을 지닌 사동의 의미를 나타내기 때문이다. 또한 사동자가 피사동 행위에 대한 통제력을 가진 사건의 내용을 기술하기 때문인 것으로 보인다. 이에 대한 자세한 논의는 5.3항에서 하기로 한다.

이상에서 살펴본 바와 같이 태국어에서 사동 표현을 실현시키는 **ให้** / haj / 구문의 피사동 동사는 상태성 동사를 제외하고 모든 동사들이 제약 없이 나타날 수 있음을 알 수 있다.

3. 부사구의 특성과 제약

의사사동을 실현시키는 **ให้** / haj / 구문에 부사구가 나타나는 경우에는 사동 동사와 피사동 동사를 모두 수식할 수 있다. 따라서 이러한 경우에 문장의 의미는 중의성을 갖게 된다. 다음의 예문을 보자.

(24)	**แดง**	**ให้**	**ดำ**	**กวาด**	**บ้าน**	**ทุกวัน**	**ไหม**
	dɛːŋ	haj	dam	kwaːt	baːn	tukwan	maj
	댕	[사동]	담	쓸다	집	매일	[의문]

댕은 매일 | 담에게 집을 쓸게 합니까?
댕은 담에게 | 매일 집을 쓸게 합니까?

위의 문장에서 부사구 **ทุกวัน** / tukwan / 은 사동 동사 **ให้** / haj / 를 수식하여 사동 행위가 매일 수행되는가에 대한 물음으로 해석될 수 있으며, 다른 한편으로 피사동 동사 **กวาด** / kwaːt / 을 수식하여 피사동 사건이 매일 수행되는지에 대한 물음으로도 해석할 수도 있다. 따라서 위의 문장에 대한 답은 다음과 같이 두 가지로 나타날 수 있다.

(25) a. ให้

haj

[사동]

(매일 ㅣ쓸게) 했습니다.

(매일 쓸게) ㅣ했습니다.

b. ทุกวัน

tukwan

매일

매일 ㅣ(쓸게 했습니다)

매일 (쓸게 ㅣ했습니다)

Ⅲ. ทำให้ / thamhaj / 구문의 통사적 특성과 제약

태국어의 **ทำให้** / thamhaj / 구문은 문법적 장치에 의해 사동 표현을 실현시키는 사동 동사이다. 이러한 **ทำให้** / thamhaj / 구문에는 어떠한 통사적 특성과 제약이 있는지를 논의해 보기로 한다.

1. 사동 동사 ทำให้ / thamhaj / 의 특성과 제약

태국어의 **ทำให้** / thamhaj / 구문의 사동 동사는 다른 사동사들과 마찬가지로 보충어로 절을 취하는 특성이 있다. 형태상 **ทำ** / tham / 과 **ให้** / haj / 가 결합된 형태로 되어 있으므로 **ทำ** / tham / 과 **ให้** / haj / 사이에 다른 요소가 개입할 수 없다. 이를 형식화하여 나타내 보면 다음과 같이 된다.

(26)	NP1	V1	NP2	V2	(NP3)
	วินัย	**ทำให้**	**นก**	**ตาย**	
	winaj	thamhaj	nok	ta:j	
	위나이	[사동]	새	죽다	
	위나이는 새를 죽게 했다.				

NP1 = 상위문의 주어 (사동자)
V1 = **ทำให้** / thamhaj / (사동사)
NP2=하위문의 주어 (피사동자)
V2=하위문의 술어 (피사동 행위)
NP3 = 하위문 술어의 보충어

기존의 연구에서는 위와 같은 문장 구조는 **ทำ** / tham / 과 **ให้** / haj / 가 결합된 구조가 아니라 **ทำให้** / thamhaj / 라는 별개의 동사로 분석해 왔으며 따라서 또 하나의 다른 사동구문으로 다루어 왔다. 지금부터 이러한 기존의 분석에 대한 타당성을 논의해 보기로 한다.

먼저 **ทำให้** / thamhaj / 구문이 타동사 구문이라는 사실에 근거하여 이를 의문문으로 변형시킨 후에 그에 대한 답이 어떤 문장 형태로 나타나는지를 알아보자.

(27)	**วินัย**	**ทำให้**	**นก**	**ตาย**	**ไหม**
	winaj	thamhaj	nok	ta:j	maj
	위나이	[사동]	새	죽다	의문조사
	위나이는 새를 죽게 했습니까?				

위의 문장에 대한 답은 다음과 같이 나타날 수 있다.

(28) a. **ทำ**
tham
[사동]
(죽게) 했습니다.

b.

ทำให้	**(นก)**	**ตาย**
thamhaj	nok	ta:j
[사동]	새	죽다

(새를) 죽게 했습니다.

c. * **ทำให้**
thamhaj
[사동]
하게 했습니다.

위와 같은 의문문 변형에서 확인할 수 있는 것은 태국어의 **ทำให้** / thamhaj / 구문의 본동사는 **ทำให้** / thamhaj / 가 아니라 **ทำ** / tham / 이라는 것이다. 따라서 **ทำให้** / thamhaj / 구문의 문장 구조에 대한 분석은 다음과 같이 수정되어야 한다.

(29)

NP1	V1	COMP	NP2	V2	(NP3)
วินัย	**ทำ**	**ให้**	**นก**	**ตาย**	
winaj	tham	haj	nok	ta:j	
위나이	[사동]	[보문소]	새	죽다	

위나이는 새를 죽게 했다.

NP1 = 상위문의 주어 (사동자)
V1 = **ทำ** / tham / (사동 행위)

COMP=ให้ / haj / (보문소)
NP2=하위문의 주어 (피사동자)
V2=하위문의 술어 (피사동 행위)
NP3＝하위문 술어의 보충어

이상에서 살펴본 바와 같이 태국어의 **ทำให้** / thamhaj / 구문은 **ทำ** / tham / 사동구문이 보문소 **ให้** / haj / 에 의해 유도되는 하위절을 보충어를 취하는 형태로 이루어지는 것이다.

태국어에서 사동 표현을 실현시키는 **ทำให้** / thamhaj / 구문과 같은 구조를 가지고 있는 유사한 구문이 있다. 다음의 예를 보기로 하자.

(30)	NP1	V1	COMP	NP2	V2	NP3
	แม่	**สั่ง**	**ให้**	**ฉัน**	**ไป**	**ตลาด**
	mɛ:	saŋ	haj	chan	paj	tala:t
	어머니	명령하다	[보문소]	나	가다	시장

어머니는 나를 시장에 가도록 시키셨다.

(31)	NP1	V1	COMP	NP2	V3	(NP3)
	แดง	**เตือน**	**ให้**	**เขา**	**มา**	
	dɛ:ŋ	tɯan	haj	khao	ma:	
	댕	일러주다	[보문소]	그	오다	

댕은 그를 오도록 충고했다.

위와 같은 문장들은 형태상으로 **ทำให้** / thamhaj / 구문과 같지만 사동의 의미보다는 '명령'이나 '충고' 등의 의미가 작용하고 있다. 또한 위의 문장들은 본래 V1과 COMP 사이에 NP가 있던 것이 생략된 것으로 분석할 수 있다. 위의 문장에 생략된 NP를 삽입시켜 나타내 보면 다음과 같이 된다.

(30')	NP1	V1	NP2	COMP	NP2	V2	NP3
	แดง	**สั่ง**	**ฉัน**	**ให้**	**ฉัน**	**ไป**	**ตลาด**
	mɛ:	saj	Chan	haj	Chan	paj	tala:t
	어머니	명령하다	나	[보문소]	나	가다	시장
	어머니는 나에게 시장에 가게 시키셨다.						

(31')	NP1	V1	NP2	COMP	NP2	V2	(NP3)
	แดง	**เตือน**	**เขา**	**ให้**	**เขา**	**มา**	
	dɛ:ŋ	tɯan	khao	haj	khao	ma:	
	댕	일러주다	그	[보문소]	그	오다	
	댕은 그가 오도록 일러 주었다.						

위에서 보는 바와 같이 **ทำให้** / thamhaj / 와 유사한 구조를 가지고 있는 다른 구문들은 절을 목적어로 취하여 사동의 의미를 나타내는 **ให้** / haj / 구문과 유사한 것처럼 보인다. 그러나 이러한 문장들은 사동의 의미가 충실히 작용하지 못하므로 순수한 사동의 범위를 벗어나고 있다는 것을 알 수 있다.

이에 비해 **ทำให้** / thamhaj / 구문은 순수한 사동의 의미만을 나타낸다. 태국어에서 이처럼 **ให้** / haj / 와 결합하여 순수하게 사동의 의미만을 나타내는 단어는 **ทำ** / tham / 밖에 없다. 이는 **ทำให้** / thamhaj / 가 **ทำ** / tham / 과 **ให้** / haj / 의 결합으로 이루어지긴 했지만 두 단어가 특별한 관련성을 맺고 있기 때문이다. 그러므로 **ทำให้** / thamhaj / 구문의 **ทำให้** / thamhaj / 가 **ทำ** / tham / 과 **ให้** / haj / 의 결합 관계가 아니라는 이전의 분석은 수정되었지만 이를 별도의 특별한 구문으로 다루어야 한다는 필요성은 남아 있게 된다.

그러나 여기서 지적되어야 할 것은 **ทำ** / tham / 과 **ให้** / haj / 사이에 명사구가 삽입될 경우에 생겨나는 **ทำ** / tham / ……**ให้** / haj / 구문은 **ทำให้** / thamhaj / 구문과 구분되어야 한다는 것이다. 아래의 예문을 먼저 보기로 하자.

(32)	NP1	V1	NP2	ha?	V2
	เธอ	**ทำ**	**ฉัน**	**ให้**	**เสียใจ**
	thɤ:	tham	chan	haj	siacaj
	너	대하다	나	[보문소]	속상하다
	너는 나를 속상하게 대했다.				

위의 문장에서와 같이 **ทำ** / tham / 과 **ให้** / haj / 사이에 명사구 **ฉัน** / chan / 이 삽입되는 경우에는 **ทำ** / tham / 의 의미가 '나무라다, 비난하다, 대하다' 등의 의미로 해석된다. 이러한 경우에 사동의 기능이 아닌 다른 의미가 생겨나서 사동의 범위를 벗어나게 된다. 또한 기능상으로도 **ทำ** / tham / 은 **ฉัน** / chan / 을 보충어로 취하는 일반 타동 구문이 되며 **ให้** / haj / 는 **ทำ** / tham / 을 수식하는 **เสียใจ** / siacaj / 를 유도하는 보문소의 기능을 하게 된다.

지금까지 살펴본 바와 같이 태국어의 **ทำให้** / thamhaj / 사동구문은 절을 보충어로 취하는 특성이 있으며 **ทำ** / tham / 과 **ให้** / haj / 사이에 다른 요소가 개입되지 못한다는 제약이 있음을 보았다. 또 지금까지의 분석과는 달리 **ทำให้** / thamhaj / 구문에서 실제적으로 동사의 기능을 하는 것은 **ทำ** / tham / 이며 따라서 **ทำให้** / thamhaj / 가 **ทำ** / tham / 과 **ให้** / haj / 의 결합 관계가 아니라는 기존의 분석도 수정되었다.

2. 피사동 동사의 특성과 제약

앞 장에서 살펴본 바와 같이 태국어의 **ทำให้** / thamhaj / 구문에서 하위문의 동사는 자동문과 타동문 그리고 이중목적어 동사구문이 모두 나타날 수 있다. 또 의미상으로 상태성 동사와 동작성 동사 모두가 아무런 제약 없이 나타날 수 있다. 예를 들면 다음과 같다.

(33)	**เขา**	**ทำ**	**ให้**	**งาน**	**เสีย**	**หมด**	
	khao	tham	haj	ŋa:n	sia	mot	
	그	[사동]	[보문소]	일	그르치다	모두	
	그는 일을 모두 그르치게 만들었다.						

(34)	**ฉัน**	**จะ**	**ทำ**	**ให้**	**แดง**	**เปิด**	**ประตู**
	chan	caʔ	tham	haj	dɛ:ŋ	pɤ:t	pratu:
	나	[미래]	[사동]	[보문소]	댕	열다	문
	나는 댕이 문을 열게 하겠다.						

(35)	**พ่อ**	**ทำ**	**ให้**	**ดำ**	**เติม**	**น้ำมัน**	**รถ**
	phɔ:	tham	haj	dam	tɤ:m	na:mman	rot
	아버지	[사동]	[보문소]	담	채우다	기름	자동차
	아버지가 담에게 자동차에 기름을 넣게 하셨다.						

3. 부사구의 특성과 제약

태국어의 **ทำให้** / thamhaj / 구문에 부사구가 나타나는 경우에는 **ให้** / haj / 구문에서와 같이 사동 동사와 피사동 동사를 모두 수식할 수 있다. 따라서 이러한 경우에 문장의 의미는 중의성을 갖게 된다. 다음의 예문을 보자.

(36)	**แดง**	**ทำ**	**ให้**	**นิด**	**รด**	**น้ำ**	**ต้นไม้**	**บ่อย**	**ไหม**
	dɛ:ŋ	tham	haj	nit	rot	na:m	tonma:j	bɔ:j	maj
	댕	[사동]	[보문소]	닛	뿌리다	물	나무	자주	[의문]
	댕은 닛에게 자주 물을 주게 합니까?								

위의 문장에서 부사구 **บ่อย** / bɔ:j / 는 사동 동사 **ทำ** / tham / 을 수식하여 사동 행위가 매일 수행되는가에 대한 물음으로 해석될 수 있으며 다른 한편으로 피사동 동사 **รด** / rot / 을 수식하여 피사동 사건이 매일 수행되는가에 대한 물음으로 해석할 수도 있다. 따라서 위의 문장에 대한 답은 다음과 같이 두 가지로 나타날 수 있다.

(37) a. **ทำ**
tham
[사동]
(댕이 자주 | 닛에게 물을 주게) 합니다.
(댕이 닛에게 | 자주 물을 주게) 합니다.

b. **บ่อย**
bɔ:j
자주
자주 (주게 | 합니다)
자주 | (주게 합니다)

이상에서 살펴본 바와 같이 태국어의 **ทำให้** / thamhaj / 구문에서 나타나는 부사절은 상위문의 동사와 하위문의 동사 모두를 수식할 수 있는 특성을 갖고 있다. 또한 이러한 과정에서 **ทำให้** / thamhaj / 구문의 사동 동사가 **ทำ** / tham / 이라는 사실도 더불어 확인할 수가 있다.

3절 태국어 사동 표현의 의미적 특성과 제약

태국어의 어휘적 사동은 일부 타동사가 사동사의 기능을 하면서 나타나는 것으로 이는 특정한 동사가 지닌 고유한 의미와 관련되어 사동이 실현되는 것이다. 이에 비해 통사적 사동은 문법적 장치에 의해 사동의 의미가 실현되는 것이다. 앞에서 살펴본 바에 따르면 태국어에서 사동 표현을 실현시키는 **ทำ** / tham /, **ให้** / haj /, **ทำให้** / thamhaj / 구문에는 여러 가지 통사적인 특성과 제약이 있다. 이러한 통사적인 특성과 제약은 각 구문의 의미 차이와 관련이 있는 것으로 파악된다. 지금부터는 태국어의 사동 표현 구문의 의미적 특성과 제약을 살펴보기로 한다.

Ⅰ. 사동자의 의미적 특성과 제약

태국어의 사동 표현 구문에서 상위문의 주어, 즉 사동 행위자의 의미적 특성을 파악하는 것은 사동 표현 문장의 의미를 분석하는 데 필요한 중요한 작업이다. 사동 행위자의 의미적 특성은 사동 표현이 나타내는 사건이 지닌 성격과 관련이 있기 때문이다. 지금부터는 **ทำ** / tham /, **ให้** / haj /, **ทำให้** / thamhaj / 구문의 사동자의 의미적 특성을 파악하기 위하여 상위문 주어들이 갖는 의미역과 의미자질을 분석해 보기로 한다.

1. 상위문 주어의 의미역 분석

위파(質跌 / 1983)가 분석한 사동 표현 구문의 상위문 주어가 갖는 의미역은 다음과 같다.

1) ทำ / tham / 의 주어는 행위자(agent)이다.

(39)	**ปริดา**	**ทำ**	**โต๊ะ**	**ล้ม**
	prida:	tham	to?	lom
	쁘리다	[사동]	탁자	쓰러지다.

쁘리다는 탁자를 넘어뜨렸다.

(40)	**นิด**	**ทำ**	**กระจก**	**แตก**
	nit	tham	kracok	tɛ:k
	닛	[사동]	거울	깨다

닛은 거울을 깨뜨렸다.

위파는 **ทำ** / tham / 의 주어가 행위자(agent)가 되며 이때 행위자의 행위는 하위문의 주어에 직접 가해지며 그것이 하위문의 주어에 발생되는 결과에 직접적으로 영향을 미친다고 분석하였다. 그러나 이러한 분석은 모국어 화자가 지닌 언어적 직관과 주관적 판단에 의한 것으로 객관적 타당성을 확보하지 못하고 있다.

2) ให้ / haj / 의 주어는 발단자 (initiator)이다.

(41)	**เขา**	**ให้**	**ฉัน**	**ล้าง**	**จาน**
	khao	haj	chan	la:ŋ	ca:n

그 [사동] 나 닦다 접시
그는 나에게 접시를 닦으라고 시켰다.

(42) แม่ ให้ เขา เช็ด โต๊ะ
mɛ: haj khao chet toʔ
어머니 [사동] 그 닦다 탁자
어머니는 그에게 탁자를 닦으라고 시켰다.

위의 예문에 대한 위파의 분석은 ให้ / haj / 의 주어가 발단자(initiator)가 되며 이때 발단자의 행위가 직접적으로 하위문의 사건을 발생시키는 것이 아니라 명령 혹은 청유와 같은 형태로 하위문의 주어가 하위문의 목적어에 대해 행위가 이루어지도록 한다는 것이다. 그러나 이러한 분석 역시 ให้ / haj / 에 대한 모국어 화자가 지닌 언어 직관에 의한 자의적인 판단에 의존한 것이다. 또 행위자와 발단자라는 의미역의 의미적 차이가 그리 명확하지 않다는 것도 문제점으로 지적할 수 있다.

3) ทำให้ / thamhaj / 의 주어는 도구(instrument)의 의미역을 갖는다

(43) ฉัน ทำ ให้ เขา เสียใจ
chan tham haj khao siacaj
나 [사동] [보문소] 그 상심하다
나는 그를 상심하게 만들었다.

(44) ศักดิ์ ทำ ให้ เก้าอี้ ล้ม
sak tham haj kaoʔi: lom
싹 [사동] [보문소] 의자 넘어지다
싹은 의자를 넘어지게 했다.

위파는 위의 예문에 대한 **ทำให้** / thamhaj / 의 주어가 도구(instrument)의 의미역을 갖는다고 하였다. **ทำให้** / thamhaj / 구문에서 사동자의 사동행위가 하위문의 주어에 직접 행하기는 하나 그러한 행위에는 의도성의 유무가 나타나지 않는다고 분석하였다. 이러한 분석에 따르면 **ทำให้** / thamhaj / 구문은 **ทำ** / tham / 구문과 **ให้** / haj / 구문의 성격을 포함하는 포괄적인 성격을 지니고 있는 것으로 보인다.

그러나 행위자나 발단자 또는 도구 등의 의미역 분석은 **ทำ** / tham / 과 **ให้** / haj / 그리고 **ทำให้** / thamhaj / 구문의 의미적 특성을 명확하게 설명하지는 못한다. 이러한 문제를 해결하기 위하여 다음 항에서는 사동자의 의미자질을 분석하기로 한다.

2. 사동자의 의미자질 분석

태국어의 사동 표현에서 사동자인 주어에 대한 의미역을 분석한 결과는 **ทำ** / tham / 과 **ให้** / haj / 그리고 **ทำให้** / thamhaj / 구문들 간에 사동자가 피사동행위에 개입하는 정도에 대한 차이를 부분적으로 암시하고 있는 것처럼 보이기는 하지만 명확하게 드러내지는 못한다. 이러한 부분을 보충하기 위해 사동자의 의미 자질을 분석해 보기로 한다. 사동문 주어의 의미자질은 위파(**วิภา ๒๕๒๖: ๒๕-๓๐**/ 1983: 25−30)와 Kingkarn(1986: 46) 등에 의해 일부 분석된 바 있다. 여기서는 이들의 분석을 바탕으로 보다 상세한 분석을 하고자 한다.

1) ทำ / tham / 구문의 사동자 의미자질

① [+ANIMATE, +HUMAN]

(45)	**นิด**	**ทำ**	**ถ้วย**	**ตกลง**
	nit	tham	tuaj	tokloŋ
	닛	[사동]	사발	떨어지다
	닛은 사발을 떨어뜨렸다			

② [+ANIMATE, −HUMAN]

(46)	**หนู**	**ทำ**	**บ้าน**	**สกปรก**
	nu:	tham	ba:n	sokaprok
	쥐	[사동]	집	더럽다
	쥐가 집을 더럽혔다.			

③ [−ANIMATE]

(47)	**ตู้เย็น**	**ทำ**	**อาหาร**	**เย็น**
	tu:jen	tham	ʔaha:n	jen
	냉장고	[사동]	음식	차다
	냉장고는 음식이 차게 한다.			

(48)	**ลม**	**ทำ**	**ประตู**	**เปิด**
	lom	tham	partu:	pɤ:t
	바람	만들다	문	열다
	바람이 문을 열리게 했다.			

④ [－CONCRETE]

(49) **ความกตัญญู ของ เขา ทำ แม่ หาย ป่วย**
khwa:mkatanju: khɔ:ŋ khao tham mɛ: ha:j puaj
효성 의 그 [사동] 어머니 낫다 병
그의 효성이 어머니의 병을 낫게 했다.

위의 예문에서 보는 바와 같이 **ทำ** / tham / 구문의 주어, 즉 사동자는 사람이나 동물과 같은 유정성을 가진 것이어야 한다. 이를 형식화해서 나타내 보면 다음과 같다.

(50) NP **ทำ** [NP VP]
[＋ANIMATE]

2) ให้ / haj / 구문의 사동자 의미자질

① [＋ANIMATE,＋HUMAN]

(51) **ครู ให้ นักเรียน เปิด หนังสือ**
khru: haj nakrian pɤ:t naŋsɯ:
선생 [사동] 학생 열다 책
선생이 학생들에게 책을 열게 시켰다.

(52) **พ่อ ให้ แม่ ชง กาแฟ**
phɔ: haj mɛ: choŋ ka:fɛ:
아버지 [사동] 어머니 타다 커피
아버지가 어머니에게 커피를 타게 시키셨다.

② [+ANIMATE, −HUMAN]

(53)	*หมา	ให้	หนู	หนีไป
	ma:	haj	nu:	ni:paj
	개	[사동]	쥐	도망가다

개는 쥐가 도망가게 했다.

(54)	*หมู	ให้	นิด	โกรธ
	mu:	haj	nit	krɔ:t
	돼지	[사동]	닛	화나다

돼지가 닛을 화나게 했다.

③ [+CONCRETE, −ANIMATE]

(55)	*กิมจิ	ให้	เรา	ทาน	ข้าว	จน	อิ่ม
	kimci	haj	rao	ta:n	kha:w	con	im
	김치	[사동]	우리	먹다	밥	게	배부르다

김치는 우리가 밥을 배부르도록 먹게 했다.

④ [−CONCRETE]

(56)	*ความกตัญญู	ของ	เขา	ให้	แม่	หาย ป่วย
	khwa:mkatanju:	khɔ:ŋ	khao	haj	mɛ:	ha:j puaj
	효성	의	그	[사동]	어머니	낫다 병

그의 효성이 어머니의 병을 낫게 했다.

위의 예문에서 보는 바와 같이 **ให้** / haj / 구문의 주어, 즉 사동자는 사람만이 될 수 있다. 이를 형식화해서 나타내 보면 다음과 같다.

(57) NP ให้ [NP VP]
[+HUMAN]

3) ทำให้ / thamhaj / 구문 주어의 의미자질

① [+ANIMATE, +HUMAN]

(58)	เขา	ทำ	ให้	เรา	ตกใจ
	khao	tham	haj	rao	tokcaj
	그	[사동]	[보문소]	우리	놀라다

그는 우리를 놀라게 했다.

(59)	นักเรียน	ทำ	ให้	ครู	โกรธ
	nakrian	tham	haj	khru:	kro:t
	학생	[사동]	[보문소]	선생	화내다

학생이 선생을 화나게 했다.

② [ANIMATE, −HUMAN]

(60)	แมว	ทำ	ให้	เรา	สนุก
	ma:w	tham	haj	rao	sanuk
	고양이	[사동]	[보문소]	우리	재미있다

고양이가 우리를 즐겁게 했다.

(61)	หมาป่า	ทำ	ให้	เขา	กลัว
	ma:pa:	tham	haj	khao	klua
	늑대	[사동]	[보문소]	그	무섭다

늑대가 그를 무섭게 했다.

③ [+CONCRETE, −ANIMATE]

(62)

กิมจิ	**ทำ**	**ให้**	**เรา**	**ทาน**	**เขา**	**จน**	**อิ่ม**
kimci	tham	haj	rao	ta:n	kha:w	con	im
김치	[사동]	보문소]	우리	먹다	밥	−도록	배부르다

김치는 우리가 밥을 배부르도록 먹게 했다.

(63)

ลม	**ทำ**	**ให้**	**เขา**	**รู้สึก**	**สดชื่น**
lom	tham	haj	khao	ru:sɯk	sotchɯ:n
바람	[사동]	[보문소]	그	느끼다	상쾌하다

바람은 그가 상쾌함을 느끼게 했다.

④ [−CONCRETE]

(64)

ความกตัญญู	**เขา**	**ทำ**	**ให้**	**แม่**	**หาย**	**ป่วย**
khwa:mkatanju:	khao	tham	haj	mɛ:	ha:j	puaj
효성	그	[사동]	[보문소]	어머니	낫다	병

그의 효성이 어머니의 병을 낫게 했다.

(65)

ที่พูด	**เช่นนั้น**	**ทำ**	**ให้**	**ฉัน**	**เสียใจ**
thi:phu:t	chennan	tham	haj	chan	siacaj
말한 것	그렇게	[사동]	[보문소]	나	상심하다

그렇게 말한 것이 나를 상심하게 만들었다.

위에서 본 바와 같이 **ทำให้** / thamhaj / 구문의 주어, 즉 사동자는 특별한 제한 없이 사람이나 동물 혹은 무생물도 가능하며 추상화된 명사구까지 사동자로 나타날 수 있다. 이를 형식화해서 나타내 보면 다음과 같다.

(66) NP ทำให้ [NP VP]

위에서 살펴본 사동자의 의미자질 분석 결과를 도표로 나타내 보면 다음과 같다.

+CONCRETE			−CONCRETE
+ANIMATE		−ANIMATE	
+HUMAN	−HUMAN		
ทำ / tham / ○	○	×	×
ให้ / haj / ○	×	×	×
ทำให้ / thamhaj / ○	○	○	○

사동자의 의미자질을 분석한 결과를 정리해 보면 다음과 같이 요약할 수 있다.

1) ทำ / tham / 이 사용되는 태국어 사동문의 상위문의 주어는 사람이나 동물 모두가 나타날 수 있다.

2) ให้ / haj / 가 사용되는 사동문의 상위문의 주어는 반드시 사람이어야 한다.

3) ทำให้ / thamhaj / 가 사용되는 태국어 사동문의 상위문의 주어는 추상성이거나 비추상성, 생물체나 무생물체에 상관없이 모두 주어 자리에 제약 없이 나타날 수 있다.

Ⅱ. 피사동자의 의미적 특성

태국어의 사동 표현문의 의미적 특성을 파악하기 위하여 피사동자의 의미역과 의미자질을 분석할 필요가 있다. 사동자의 시킴 행위를 피사동자가 피사동 행위를 통해 수행하지 않는 경우에 온전한 사동행위가 이루어진다고 볼 수 없는데 이러한 경우는 피사동자가 유생성이냐 무생성이냐 하는 것과 관련이 있을 수 있으며 시킴 행위가 경우에 따라서는 그 대상이 반드시 사람이어야 하는 경우도 있을 수 있기 때문이다.

1. 하위문 주어의 의미역 분석

태국어의 사동 표현 구문에서 피사동자는 하위문의 주어로 나타나게 된다. 피사동자의 의미적 특성을 파악하기 위하여 하위문의 주어가 갖는 의미역을 분석해 보기로 한다.

1) ทำ / tham / 구문의 하위문의 주어는 PATIENT나 THEME의 의미역을 갖는다.

(67) **หนุย** **ทำ** **โต๊ะ** **พัง**
nuj tham to? phaŋ
누이 [사동] 탁자 망가지다
누이는 탁자를 망가뜨렸다.

b. **หนุย** **ทำ** **นิด** **เห็น**
nuj tham nit hen

누이 [사동] 닛 보다
누이는 닛에게 보게 했다.

c. *หนุย ทำ นิด กิน ข้าว
nuj tham nit kin kha:w
누이 [사동] 닛 먹다 밥
누이는 닛에게 밥을 먹게 했다.

위에서 보는 바와 같이 예문 (67a)에서 하위문의 주어 โต๊ะ / toʔ / 는 PATIENT의 의미역을 가지며 정문이 되고 있다. 그러나 예문 (67b)에서 EXPERIENCER의 의미역을 가지면 비문이 되며 AGENT의 의미역을 갖는 문장 (67c)에서도 비문이 되고 있다. 이처럼 하위문의 주어가 행위자가 되지 못하는 것은 ทำ / tham / 구문이 돌발적으로 일어나는 직접 사동 사건을 기술하기 때문인 것으로 보인다.

2) ให้ / haj / 구문의 하위문의 주어는 AGENT의 의미역을 갖는다

(68) พ่อ ให้ แม่ ชง กาแฟ
phɔ: haj mɛ: choŋ ka:fɛ:
아버지 [사동] 어머니 타다 커피
아버지가 어머니에게 커피를 타게 시키셨다.

(69) *พ่อ ให้ แม่ เสียใจ
phɔ: haj mɛ: siacaj
아버지 [사동] 어머니 속상하다
아버지가 어머니를 속상하게 하셨다.

위에서 보는 바와 같이 예문 (68)에서 แม่ / mɛ: / 는 행위자 의미역을 가지면서 정문이 되지만 문장 (69)에서는 THEME의 의미역을 갖기 때문에 비문이 된다. 이는 ให้ / haj / 구문에 의해 기술되는 사동 표현이 의도성을 가지고 행하는 간접 사동 사건을 기술하기 때문인 것으로 보인다.

3) ทำให้ / thamhaj / 구문의 하위문의 주어는 AGENT나 EXPERIENCER 또는 PATIENT나 THEME의 의미역을 제한 없이 가질 수 있다

(70)	เขา	ทำ	ให้	เรา	ตกใจ
	khao	tham	haj	rao	tokcaj
	그	[사동]	[보문소]	우리	놀라다

그는 우리를 놀라게 했다.

(71)	เขา	ทำ	ให้	เรา	กิน	ข้าว
	khao	tham	haj	rao	kin	kha:w
	그	[사동]	[보문소]	우리	먹다	밥

위에서 보는 바와 같이 문장 (70)에서 เรา / rao / 는 경험자의 의미역을 가지며 문장(71)에서는 행위자의 의미역을 갖는다. 그러나 두 문장 모두가 정문이 된다. 이는 태국어의 ทำให้ / thamhaj / 구문이 의도적인 사동 사건이나 우발적인 사동 사건 그리고 직접 사동과 간접 사동 사건을 모두 기술할 수 있는 특성을 가지고 있기 때문이다.

2. 피사동자의 의미자질

앞에서 피사동자가 하위문의 주어로 나타나면서 갖는 의미역을 살펴보았다. 이를 통해 각 사동 표현 구문의 의미적 특성을 어느 정도까지는 파악할 수 있었다. 이러한 의미적 특성에 대한 분석을 더욱 충실하게 하기 위해 피사동자의 의미자질을 분석해 보기로 하자.

1) ทำ / tham / 사동구문의 피사동자 의미자질

① [+ANIMATE,+HUMAN]

(72) นิด ทำ สักกะ ตกใจ
nit tham sakka tokcaj
닛 [사동] 싹까 놀라다
닛은 싹까를 놀라게 했다.

② [+ANIMATE,−HUMAN]

(73) น้อง ทำ แมว เจ็บ
n?? tham mɛ:w cep
동생 [사동] 고양이 아프다
동생이 고양이를 아프게 했다.

③ [+CONCRETE, −ANIMATE]

(74) หนู ทำ บ้าน สกปรก
nu: tham ba:n sokaprok
쥐 [사동] 집 더럽다
쥐가 집을 더럽혔다.

④ [−CONCRETE]

(75) เขา ทำ พรีเปิด เสีย หมด
khao tham phithi:pɤ:t sia mot
그 [사동] 개회식 망치다 전부
그는 개회식을 모두 망치게 만들었다.

위의 예문에서 보는 바와 같이 ทำ / tham / 구문의 하위문의 주어, 즉 피사동자는 사람이나 동물과 무생물체 같은 것까지 제한 없이 나타날 수 있다. 이를 형식화해서 나타내 보면 다음과 같다.

(76) NP ทำ [NP VP]

2) ให้ / haj / 구문의 피사동자 의미자질

① [+ANIMATE, +HUMAN]

(77) ครู ให้ นักเรียน เปิด หนังสือ
khru: haʔ nakrian pɤ:t naŋsɯ:
선생 [사동] 학생 열다 책
선생이 학생들에게 책을 열게 시켰다.

② [+ANIMATE, −HUMAN]

(78) *คน ให้ แมว จับ หนู
khon haj mɛ:w cap nu:
사람 [사동] 고양이 잡다 쥐
사람은 고양이에게 쥐를 잡게 한다.

③ [+CONCRETE, −ANIMATE]

(79) ***สักกะ ให้ กระจก แตก**
sakka haj kracok tɛ:k
싹까 [사동] 거울 깨지다
싹까는 거울을 깨지게 했다.

위의 예문에서 보는 바와 같이 **ให้** / haj / 구문에서 하위문의 주어, 즉 피사동자는 동물이나 무생물체가 올 수 없다. 이는 **ให้** / haj / 구문에서 시킴의 대상이 사람에게만 가능하고 동물이나 무생물체에게는 불가능하기 때문이다. 이를 형식화해서 나타내 보면 다음과 같다.

(80) NP **ทำให้** [NP VP]
[+HUMAN]

3) ทำให้ / thamhaj / 구문의 하위문 주어의 의미자질

① [+ANIMATE, +HUMAN]

(81) **นักเรียน ทำ ให้ ครู โกรธ**
nakrian tham haj khru: kro:t
학생 [사동] [보문소] 선생 화내다
학생이 선생을 화나게 했다.

② [+ANIMATE, −HUMAN]

(82) **คน ทำ ให้ แมว จับ หนู**
khon tham haj mɛ:w cap nu:

사람 [사동] [보문소] 고양이 잡다 쥐
사람은 고양이에게 쥐를 잡게 한다.

③ [+CONCRETE, −ANIMATE]

(83) **สักกะ ทำ ให้ กระจก แตก**
sakka tham haj kracok tɔ:k
싹까 [사동] [보문소] 거울 깨지다
싹까는 거울을 깨지게 했다.

④ [−CONCRETE]

(84) **เขา ทำ ให้ ความเจริญ ช้า ลง**
khao tham haj khwa:mcarɤ:n cha: loŋ
그 [사동] [보문소] 발전 느리다 내려가다
그는 발전을 더디게 만들었다.

위에서 보는 바와 같이 **ทำให้** / thamhaj / 구문에서 하위문의 주어는 특별한 제한 없이 사람이나 동물 혹은 무생물도 가능하며 추상화된 명사구까지 피사동자로 나타날 수 있다. 이를 형식화해서 나타내보면 다음과 같다.

(85) NP **ทำ ให้** [NP VP]

이제까지 살펴본 피사동자의 의미자질 분석 결과를 도표로 나타내 보면 다음과 같다.

<table>
<tr><th colspan="4">+CONCRETE</th><th>−CONCRETE</th></tr>
<tr><th colspan="3">+ANIMATE</th><th>−ANIMATE</th><th></th></tr>
<tr><th colspan="2">+HUMAN</th><th>−HUMAN</th><th></th><th></th></tr>
<tr><td>ทำ / tham /</td><td>○</td><td>○</td><td>○</td><td>○</td></tr>
<tr><td>ให้ / haj /</td><td>○</td><td>×</td><td>×</td><td>×</td></tr>
<tr><td>ทำให้ / thamhaj /</td><td>○</td><td>○</td><td>○</td><td>○</td></tr>
</table>

위의 피사동자의 의미자질을 분석한 결과를 정리해 보면 다음과 같이 요약할 수 있다.

1) **ทำ** / tham / 과 **ทำให้** / thamhaj / 가 사용되는 태국어 사동문의 하위문의 주어는 추상성이거나 비추상성, 생물체나 무생물체에 상관 없이 모두가 주어 자리에 제약 없이 나타날 수 있다.

2) **ให้** / haj / 가 사용되는 사동문의 하위문의 주어는 반드시 사람이어야 한다.

Ⅲ. 사동 표현의 양상제약

앞에서 살펴본 바와 같이 사동문에서 사동자와 피사동자는 사동을 표현하는 각 구문의 의미적 특성에 따른 제약이 있었다. 지금부터는 각 사동 표현 구문의 양상제약(modal constraint)에 대해서 살펴보기로 한다.

1) ทำ / tham / 구문의 양상제약

ทำ / tham / 사동구문은 의미적으로 인식양상(epistemic modality)의 의미를 나타낸다. 예를 들면 다음과 같다.

(86) a. **น้อย** **อาจ** **ทำ** **กระเป๋า** **หาย**
nɔ:j ˀa:t tham krapao ha:j
너이 [추측] [사동] 가방 사라지다
너이는 아마도 가방을 잃어버릴 것이다.

b. ***น้อย** **ต้อง** **ทำ** **กระเป๋า** **หาย**
nɔ:j tɔ:ŋ tham krapao ha:j
너이 [의무] [사동] 가방 사라지다
너이는 꼭 가방을 잃어버려야 한다.

c. ***ฉัน** **จะ** **ทำ** **กระเป๋า** **หาย**
chan caˀ tham krapao ha:j
나 [의지] [사동] 가방 사라지다
나는 가방을 잃어버리겠다.

위의 문장들은 화자가 사건이 일어날 가능성이나 예측을 나타내는 것이다. 따라서 문장 (86a)는 문법적인 문장이 되지만 문장 (86b)와 문장 (86c)는 비문이 된다. 이와 같이 태국어의 **ทำ** / tham / 구문에서는 의무의 의미를 나타내는 양태 조동사 **ต้อง** / tɔ:ŋ / 이나 의지를 나타내는 조동사 **จะ** / caˀ / 등의 사용에 제약이 있다.

2) ให้ / haj / 구문의 양상제약

ให้ / haj / 구문은 의미적으로 의무양상(deontic modality)의 의미를 나타낸다. 예를 들면 다음과 같다.

(87) a. ฉัน ต้อง ให้ ลูก ไป โรงเรียน
chan tɔ:ŋ haj lu:k paj ro:ŋrian
나 [의무] [사동] 아이 가다 학교
나는 반드시 아이를 학교에 가게 해야 한다.

b. *ฉัน อาจ ให้ ลูก ไป โรงเรียน
chan ʔa:t haj lu:k paj ro:ŋrian
나 [추측] [사동] 아이 가다 학교
나는 아마도 아이를 학교에 가게 할 것이다.

c. *ฉัน ควร ให้ ลูก ไป โรงเรียน
chan khuan haj lu:k paj ro:ŋrian
나 [필요] [사동] 아이 가다 학교
나는 아이를 학교에 가게 허락할 필요가 있다.

위의 문장들은 허락이나 의무의 의미를 나타내고 있다. 따라서 문장 (87a)는 문법적인 문장이 되지만 문장 (87b)와 (87c)는 비문법적인 문장이 된다. 이와 같이 태국어의 ให้ / haj / 구문에서는 추측의 의미를 나타내는 양태 조동사 อาจ / ʔa:t / 이나 필요성을 나타내는 조동사 ควร / khuan / 등의 사용에 제약이 있다.

3) ทำให้ / thamhaj / 구문의 양상제약

ทำให้ / thamhaj / 구문은 의미적으로 인식양상과 의무양상의 의미를 모두 나타낼 수 있다. 예를 들면 다음과 같다.

(88) a.

แม่	**อาจ**	**ทำ**	**ให้**	**ลูก**	**ไป**	**โรงเรียน**
mɛ:	ʔa:t	tham	haj	lu:k	paj	ro:ŋrian
어머니	[추측]	[사동]	[보문소]	아이	가다	학교

어머니는 아마도 아이를 학교에 가게 할 것이다.

b.

แม่	**ต้อง**	**ทำ**	**ให้**	**ลูก**	**ไป**	**โรงเรียน**
mɛ:	tɔ:ŋ	tham	haj	lu:k	paj	ro:ŋrian
어머니	[의무]	[사동]	[보문소]	아이	가다	학교

어머니는 반드시 아이를 학교에 가게 해야 할 것이다.

c.

ฉัน	**จะ**	**ทำ**	**ให้**	**ลูก**	**ไป**	**โรงเรียน**
chan	caʔ	tham	haj	lu:k	paj	ro:ŋrian
나	[의지]	[사동]	[보문소]	아이	가다	학교

나는 아이를 학교에 가게 할 것이다.

d.

แม่	**ควร**	**ทำ**	**ให้**	**ลูก**	**ไป**	**โรงเรียน**
mɛ:	khuan	tham	haj	lu:k	paj	ro:ŋrian
어머니	[필요]	[사동]	[사동]	아이	가다	학교

어머니는 아이를 학교에 가게 허락할 필요가 있다.

위의 문장들에서는 가능성이나 예측, 또는 허락이나 의무가 모두 나타날 수 있다. 문장 (88a)−(88d)는 모두 문법적인 문장이 되며 이에 대한 구체적인 해석은 상황에 따라 결정된다. **ทำให้** / thamhaj / 구문에서는 양상제약이 없으므로 의무의 의미를 나타내는 양태 조동사 ต้อง / tɔːŋ / 이나 의지를 나타내는 조동사 จะ / caʔ / 등의 사용에 제약이 없다. 그리고 추측의 의미를 나타내는 양태 조동사 อาจ / ʔaːt / 이나 필요성을 나타내는 조동사 ควร / khuan / 등의 사용에도 아무런 제약이 없다.

지금까지 살펴본 사동 표현의 양상제약을 요약하여 정리하면 다음과 같다.

ㄱ. 태국어의 사동을 표현하는 ทำ / tham / 구문에서는 인식양상의 의미를 나타내기 때문에 의무의 의미를 나타내는 양태 조동사 ต้อง / tɔːŋ / 이나 의지를 나타내는 조동사 จะ / caʔ / 등의 사용에 제약이 있다.

ㄴ. 그러나 ให้ / haj / 구문의 경우에는 의무양상의 의미를 나타내기 때문에 추측의 의미를 나타내는 양태 조동사 อาจ / ʔaːt / 나 필요성을 나타내는 조동사 ควร / khuan / 등의 사용에 제약이 있다.

ㄷ. ทำให้ / thamhaj / 구문에서는 인식양상과 의무양상의 의미가 모두 나타날 수 있으며 양태 조동사의 제약도 없음을 알 수 있었다.

Ⅳ. 의도성 사동과 비의도성 사동

사동에는 사동자의 사동 행위가 의도성이 있는 사동과 의도성이 없는 것이 있다. 앞의 5.3항에서 살펴본 사동 표현의 의미적 특성과 제약을 바탕으로 ทำ / tham /, ให้ / haj /, ทำให้ / thamhaj / 구문의 의도성에 대해서 어느 정도까지는 추론이 가능한 것처럼 보인다. 사람만이 사동자와 피사동자로 나타나는 **ให้** / haj / 구문의 경우 피사동 동사가 동작성 동사이어야 하는 제약을 감안하면 의도 혹은 의지에 따라 일어나는 사건의 기술이 가능할 것처럼 보이며 우연이나 사고 등에 의해 일어나는 사건을 기술하는 **ทำ** / tham / 사동구문의 경우에 피사동문의 동사가 지니는 성격이 감정 동사이거나 상태성 동사만이 나타나는 것을 감안하면 의도적으로 일어나는 사건의 기술은 허용되기 어려울 것으로 생각된다. 그리고 **ทำให้** / thamhaj / 사동의 경우 아무런 제약 없이 **ทำ** / tham / 사동과 **ให้** / haj / 사동의 성격을 포함하고 있으므로 사건의 의도성과 관계없이 기술될 수 있을 것으로 보인다.

위와 같은 추론이 얼마만큼의 타당성을 가지고 있는지를 검증하기 위하여 먼저 **ทำ** / tham / 구문에 부사구 **โดยตั้งใจ** / do:jtaŋacaj / '일부러'를 삽입시켜 보면 다음과 같이 나타난다.

(89)	***นิด**	**ทำ**	**ฉัน**	**ลม**	**โดยตั้งใจ**
	nit	tham	chan	lom	do:jtaŋcaj
	닛	[사동]	나	넘어지다	일부러
	닛은 일부러 나를 넘어지게 했다.				

위의 **ทำ** / tham / 구문에 의도성을 나타내는 부사구를 삽입한 결과 비문이 된다. 이는 **ทำ** / tham / 구문이 나타내는 '비의도성'과 부사구가 나타내는 '의도성'이 충돌을 일으키기 때문이다. 따라서 위의 문장에 삽입된 부사구를 비의도성을 나타내는 것으로 바꾸어 삽입하면 정문이 된다.

(90)	**นิด**	**ทำ**	**ฉัน**	**ล้ม**	**โดยไม่ได้ตั้งใจ**
	nit	tham	chan	lom	do:jmajdajtaŋcaj
	닛	[사동]	나	넘어지다	본의 아니게
	닛은 모르고 나를 넘어지게 했다.				

다음에는 **ให้** / haj / 구문을 보기로 하자. 마찬가지로 부사구 **โดยตั้งใจ** / do:jtaŋcaj / '일부러'를 삽입시켜 보면 다음과 같이 나타난다.

(91)	**แดง**	**ให้**	**น้อง**	**กวาด**	**บ้าน**	**โดยตั้งใจ**
	dɛ:ŋ	haj	nɔ:ŋ	kwa:t	ba:n	do:jtaŋcaj
	댕	[사동]	동생	쓸다	집	일부러
	댕은 일부러 동생에게 집을 쓸게 했다.					

위의 문장이 정문이 되는 것은 **ให้** / haJ / 구문이 나타내는 '의도성'과 부사구가 나타내는 '의도성'이 어울리기 때문이다. 그러나 위의 문장에 삽입된 부사구를 비의도성을 나타내는 것으로 변형시켜 삽입하면 비문이 된다.

(92)	***แดง**	**ให้**	**น้อง**	**กวาด**	**บ้าน**	**โดยไม่ได้ตั้งใจ**
	dɛ:ŋ	haJ	nɔ:ŋ	kwa:t	ba:n	do:jmajdajtaŋcaj
	댕	[사동]	동생	쓸다	집	모르고
	댕은 모르고 동생에게 집을 쓸게 했다.					

다음에는 **ทำให้** / thamhaj / 구문을 보기로 하자. 마찬가지로 부사구 **โดยตั้งใจ** / do:jtaŋcaj / '일부러'를 삽입시켜 보면 다음과 같이 나타난다.

(93)	**เขา**	**ทำ**	**ให้**	**ฉัน**	**เสียใจ**	**โดยตั้งใจ**
	khao	tham	haj	chan	siacaj	do:jtaŋcaj
	그	[사동]	[보문소]	나	속상하다	일부러
	그는 일부러 나를 속상하게 했다.					

위의 문장이 정문이 되는 것은 **ทำให้** / thamhaj / 구문이 '의도성'이 부사구가 나타내는 '의도성'과 어울릴 수 있기 때문이다. 그리고 위의 문장에 삽입된 부사구를 비의도성을 나타내는 것으로 변형시켜 삽입해도

정문이 된다. 이는 **ทำให้** / thamhaj / 구문이 비의도성의 사동 사건도 기술할 수 있기 때문이다.

(94) **เขา ทำ ให้ ฉัน เสียใจ โดยไม่ได้ตั้งใจ**
khao tham haj chan siacaj do:jmajdajtaŋcaj
그 [사동] [보문소] 나 속상하다 모르고
그는 모르고 나를 속상하게 했다.

사동 표현문에서 나타나는 사동행위의 의도성 여부를 확인할 수 있는 또 한 가지의 방법은 사동 표현 구문을 명령문으로 바꾸어 써 보는 것이다. 앞에서 살펴본 구문들을 '명령'을 나타내는 어조사 สิ / siʔ / 를 넣어 변형시켜 보면 다음과 같이 나타난다.

(95) ***ทำ ฉัน ล้ม สิ**
tham chan lom siʔ
[사동] 나 넘어지다 [명령]
나를 넘어지게 해라.

(96) **ให้ น้อง กวาด บ้าน สิ**
haj nɔ: kwa:t ba:n siʔ
[사동] 동생 쓸다 집 [명령]
동생에게 집을 쓸게 해라.

(97) **ทำ ให้ ฉัน เสียใจ สิ**
tham haj chan siacaj siʔ
[사동] [보문소] 나 속상하다 [명령]
나를 속상하게 해라.

위의 예문 중에서 문장 (95)만이 비문으로 나타나는 것은 ทำ / tham / 구문이 지닌 사동의 의미가 우연이나 사고에 의해 일어나는 사건이어야 한다는 의미적 특성과 제약을 가지고 있기 때문이다.

지금까지 분석한 사동 표현의 의도성에 대한 결과를 다음과 같이 요약할 수 있다.

ㄱ. 태국어의 ทำ / tham / 구문은 사동자의 의도성이 없이 우연이나 사고에 의해 일어나는 사동 사건을 나타낸다.

ㄴ. 이에 비해 ให้ / haj / 구문은 사동자가 의도성을 가지고 행하는 사동 사건을 나타낸다.

ㄷ. ทำให้ / thamhaj / 구문은 사동자의 사동자가 의도적으로 혹은 비의도적으로 행하는 사동 사건을 모두 나타낼 수 있다.

사동 사건의 의도성의 정도를 등급으로 나눌 수 있다고 가정할 때 항상 의도성 사동만을 기술하는 ให้ / haj / 구문이 의도성이 가장 높고 의도성과 비의도성 사동을 모두 나타내는 ทำให้ / thamhaj / 구문이 그다음이며 비의도성 사동만을 기술하는 ทำ / tham / 구문이 가장 낮다는 추론이 가능할 것이다.

Ⅴ. 직접 사동과 간접 사동

사동자가 피사동자에게 행하는 사동 행위로 말미암아 피사동 행위가 일나는 것이 사동이다. 그런데 사동자의 행위가 직접적으로 피사동 행위를 일어나게 하는 경우가 있는가 하면 간접적으로 피사동 행위가 일어나게 하는 경우도 있다. 전자의 경우를 직접 사동이라 하고 후자의 경우를 간접 사동이라고 한다. Jackendoff (1994: 198－199)는 "Harry defrosted the roast"라는 문장을 예로 들어 사동의 직접성과 간접성에 대한 설명을 한 바 있다. 그 예를 옮겨 보면 다음과 같다.

(98) a. 해리는 고기를 녹이려고 냉장고에서 고기를 꺼내 놓고 여러 시간을 방치해 두었다. 그 결과 고기가 녹았다.

b. 해리는 샘의 냉장고 안에 있는 고기를 녹이고 싶었다. 그래서 전기회사의 파업을 일으켜서 시내가 정전이 되자 그 결과로 고기가 녹았다.

Jackendoff 의 설명에 의하면 (98a)의 경우에는 직접적인 사동이 되고 (98b)의 경우에는 간접적인 사동이 된다고 한다. 이러한 사동의 직접성과 간접성에 대한 개념을 바탕으로 태국어의 사동에 있어서 직접성과 간접성을 논의해 보기로 하자.

태국어에서 어휘 사동은 직접 사동이라는 것을 쉽게 미루어 생각할 수 있다. 어휘적 사동은 타동문에서 이루어지는데 ‘타동’의 의미는 서술동사가 나타내는 행동이 주어인 행위자로부터 목적어인 대상으로 옮겨지는 것을 말하기 때문이다.(우형식1990: 37－43)

통사적 사동에서 **ทำ** / tham / 과 **ให้** / haj / 그리고 **ทำให้** / thamhaj / 구문의 경우에는 앞에서 상위문의 주어와 하위문의 주어에 대한 의미역을 분석한 결과를 바탕으로 각 구문에 따라 직접성과 간접성이 다르게 나타나리라는 추론을 하게 된다. 지금부터는 태국어에서 통사적 사동 표현을 실현시키는 **ทำ** / tham / 과 **ให้** / haj / 그리고 **ทำให้** / thamhaj / 구문에서 이들이 나타내는 사동의 내용이 직접 사동인지 간접 사동인지를 분석하기로 한다.

1. ทำ / tham / 구문의 분석

앞에서 살펴본 바와 같이 **ทำ** / tham / 구문의 하위문의 주어는 PATIENT나 THEME의 의미역을 가지며 하위문의 동사는 까다로운 제약을 가지고 있다. **ทำ** / tham / 구문의 사동은 하위문의 주어가 갖는 의미역이 AGENT가 되지 못하고 PATIENT나 THEME이라는 점에서 직접사동을 나타낸다는 유추가 가능하다. 피사동 행위가 사동자의 간접적인 조작이나 시킴에 의해 일어나는 것이 아니라 피사동자의 의도와 상관없이 사동자의 직접적인 개입에 의해 일어나는 것이기 때문이다. 아래의 예문을 보기로 하자.

(99)	**ปริดา**	**ทำ**	**โต๊ะ**	**ล้ม**
	prida:	tham	to^ʔ	lom
	쁘리다	[사동]	탁자	쓰러지다.
	쁘리다는 탁자를 넘어뜨렸다.			

위의 문장에서 **โต๊ะ** / to?는 행위자가 되지 못하고 따라서 **ล้ม** / lom / 이라고 하는 피사동 행위는 상위문의 주어로 나타나는 사동자 **ปริดา** / prida: / 의 행위 **ทำ** / tham / 에 의해 직접 수행되는 것이다. 이러한 사실을 확인하기 위하여 다음과 같이 조동사를 삽입하여 보자.

(100) a.	***ปริดา**	**ทำ**	**โต๊ะ**	**คง**	**ล้ม**
	prida:	tham	toʔ	khoŋ	lom
	쁘리다	[사동]	탁자	아마	쓰러지다.
	쁘리다는 탁자를 넘어뜨렸는데 아마 넘어졌을 것이다.				

b. *ปรีดา ทำ โต๊ะ เพิ่ง ล้ม
prida: tham toˀ phɤ:ŋ lom
쁘리다 [사동] 탁자 방금 쓰러지다.
쁘리다는 탁자를 넘어뜨렸는데 방금 넘어졌을 것이다.

c. ปรีดา ทำ โต๊ะ ล้ม แล้ว
prida: tham toˀ lom lɛ:w
쁘리다 [사동] 탁자 쓰러지다. [완료]
쁘리다는 탁자를 넘어뜨렸다.

예문 (100a)에서 추측을 나타내는 조동사 คง / khoŋ / 을 삽입했을 때 비문이 되는 것은 사동자의 사동 행위 ทำ / tham / 이 피사동자의 피사동 행위 ล้ม / lom / 에 직접 개입하여 일어난 상태를 기술하는 것으로 추측을 허용하지 않기 때문이다. 따라서 사동 행위가 수행되는 시간 t1과 피사동 행위가 수행되는 시간 t2가 일치하므로 (t1 =t2) 문장 (100b)에서 완료를 나타내는 조동사 เพิ่ง / phɤ:ŋ / 의 삽입도 불허된다. 이러한 의미 구조 때문에 정문이 되는 것은 문장 (100c)뿐이다.

태국어의 ทำ / tham / 구문이 직접 사동을 나타내기 때문에 피사동 동사는 상당한 의미 제약을 받는다. 이를 자세히 살펴보면 다음과 같다.

ㄱ. ทำ / tham / 구문의 하위문 동사는 자동사만이 올 수 있다. 또한 자동사 중에서도 동작성 동사는 올 수 없다. 동작성 동사가 오는 경우에 피사동자가 행위자가 되며 피사동 사건이 사동자의 지배를 벗어나 간접 사동이 되기 때문이다. 이에 대한 예를 들면 다음과 같다.

(101) *ฉัน ทำ แดง เดิน
chan tham dɛ:ŋ dɤ:n

나 [사동] 댕 걷다
나는 댕을 걷게 했다.

ㄴ. 상태 동사 중에서도 사동자가 인위적으로 상태를 변화시킬 수 없는 물리적 상태를 나타내는 상태성 동사는 오지 못한다. 다만 상태성을 띠고 있는 감정을 나타내는 동사군은 하위문의 동사로 나타날 수 있다.

(102) **ฉัน ทำ น้อง เสียใจ**
chan tham nɔːŋ siacaj
나 [사동] 동생 속상하다
나는 동생을 상심하게 만들었다.

위의 예문에서 동생을 상심하게 한 행위가 간접성을 띠는 경우에는 **ทำให้** / thamhaj / 구문을 사용하는 것이 일반적인 태국어의 어법이다.(Kingkarn 1986: 44－45) 이때의 직접성과 간접성에 대한 해석은 상황에 의존하여 이루어진다.

이상에서 보는 바와 같이 태국어의 **ทำ** / tham / 구문은 직접 사동의 의미를 나타내며 따라서 피사동자인 하위문의 주어와 피사동 사건을 나타내는 하위문의 동사에 의미적 특성과 제약이 있음을 알 수 있다.

2. ให้ / haj / 구문의 분석

태국어의 **ให้** / haj / 구문은 **ทำ** / tham / 구문과 달리 사동자가 사람이어야 하는 제약이 있으며 피사동자는 행위자의 의미역을 갖는다. 또한 하위문의 동사 자리에 상태성 동사가 오지 못한다는 제약이 있다. 앞에서 살펴본 내용을 바탕으로 **ให้** / haj / 구문이 나타내는 사동의 내용을 보면 간접 사동일 것이라는 추론이 가능하다. 이는 피사동 사건을 행하는 피사동자가 행위자의 의미역을 가지며 따라서 상위문의 사동 행위는 피사동자에게 명령이나 지시 또는 희망이나 요구와 같은 형태로 나타나기 때문이다. 이러한 사실을 확인하기 위하여 다음의 예문을 보자.

(103)	***เขา**	**ให้**	**ฉัน**	**ผอม**
	khao	haj	chan	phɔ:m
	그	[사동]	나	홀쭉하다
	그는 나에게 홀쭉하게 시켰다.			

(104)	**เขา**	**ให้**	**ฉัน**	**ล้าง**	**จาน**
	khao	haj	chan	la:ŋ	ca:n
	그	[사동]	나	닦다	접시
	그는 나에게 접시를 닦으라고 시켰다.				

위의 예문 (103)이 비문이 되는 것은 **ฉัน** / chan / 이 행위자가 되지 못하며 사동자 **เขา** / khao / 가 **ให้** / haj / 라는 사동 행위를 통해 피사동자 **ฉัน** / chan / 에게 **ผอม** / phɔ:m / 이라는 행위를 수행시킬 수 없기 때문이다. 이에 비해 예문 (104)에서는 사동자 **เขา** / khao / 가 사동 행위 **ให้** / haj / 를 통해 **ฉัน** / chan / 이라는 피사동자에게 **ล้างจาน** / la:ŋca:n / 이라는 피사동 사건을 수행시킬 수 있기 때문에 정문이 된다. 이때 사동자는 피사동 행위에 직접 개입하는 것이 아니라 피사동자를 명령하거나 설득하는 등의 간접적인 방법으로 피사동 행위가 수행되도록 하는 것이다. 그러므로 사동 행위와 피사동 행위가 이루어지는 시간에 차이가 생겨날 수 있다. 따라서 다음과 같은 문장의 연결이 가능하다.

(105)	**เขา**	**ให้**	**ฉัน**	**ล้าง**	**จาน**	**แต่**	**ยังไม่**	**ล้าง**
	khao	haj	chan	la:ŋ	ca:n	tɛ:	jaŋmaj	la:ŋ
	그	[사동]	나	닦다	접시	그러나	아직 [부정]	닦다

그는 나에게 접시를 닦으라고 시켰다. 그러나 아직 닦지 않았다.

이상에서 살펴본 바와 같이 **ให้** / haj / 구문에 의해 표현되는 사동은 사동자가 피사동 사건에 직접 개입하는 것이 아니라 **ให้** / haj / 라는 행위를 통해 피사동자에게 피사동 행위를 수행하도록 하는 간접 사동이다.

3. ทำให้ / thamhaj / 구문의 분석

앞에서 살펴본 바에 따르면 **ทำให้** / thamhaj / 구문은 **ทำ** / tham / 구문과 **ให้** / haj / 구문의 성격을 포함하는 포괄적인 성격을 띠며 직접성과 간접성에서도 **ทำ** / tham / 구문이 가지고 있는 직접성과 **ให้** / haj / 구문이 가지고 있는 간접성을 모두 실현시킬 수 있다. 따라서 **ทำให้** / thamhaj / 구문의 상위문의 주어와 하위문의 주어 그리고 하위문의 동사에 특별한 통사적 의미적 제약이 없다. 다음의 예문들을 살펴보기로 하자.

(106)	**ฉัน**	**ทำ**	**ให้**	**แดง**	**เดิน**
	chan	tham	haj	dɛ:ŋ	dɤ:n
	나	[사동]	[보문소]	댕	걷다

나는 댕을 걷게 했다.

(107)	**เขา**	**ทำ**	**ให้**	**เรา**	**กิน**	**ข้าว**
	khao	tham	haj	rao	kin	kha:w
	그	[사동]	[보문소]	우리	먹다	밥

그는 우리에게 밥을 먹게 한다.

위의 문장 (106)은 하위문이 자동사 구문으로 동작성 동사가 사용되었으며 문장(107)은 하위문이 타동사 구문이다. 이러한 문장들은 **ทำ** / tham / 구문에서는 통사적이나 의미적으로 받아들여지지 않는 문장들이다. 그러나 **ทำ** / tham / 과 보문소 **ให้** / haj / 가 결합함으로써 **ทำ** / tham / 이 가지고 있던 통사적, 의미적 제약이 해제되고 **ทำให้** / thamhaj / 자체의 성격이 생겨나서 정문으로 받아들여진 것이다.

(108)	**ฉัน**	**ทำ**	**ให้**	**เขา**	**เสียใจ**
	chan	tham	haj	khao	siacaj
	나	[사동]	[보문소]	그	상심하다

나는 그를 상심하게 만들었다.

위의 문장은 하위문에 감정을 나타내는 동사가 사용되어 **ทำ** / tham / 구문에서만 나타날 수 있는 구문이었다. 그런데 **ทำ** / tham / 과 **ให้** / haj / 가 결합되면서 **ให้** / haj / 구문의 제약이 상실되고 **ทำให้** / thamhaj / 구문 자체의 성격이 생겨나서 정문으로 나타날 수 있음을 알 수 있다.

(109)	**เธอ**	**ทำ**	**ให้**	**ฉัน**	**สวย**
	thɤ:	tham	haj	chan	suaj
	너	[사동]	[보문소]	나	예쁘다

너는 나를 예쁘게 만들었다.

위의 문장은 하위문의 동사가 물리적 상태를 나타내는 상태동사가 사용되었으므로 **ทำ** / tham / 구문이나 **ให้** / haj / 구문 모두에서 나타날 수 없는 문장이다. 그런데 **ทำให้** / thamhaj / 구문에서는 모든 제약이 상실되고 **ทำให้** / thamhaj / 구문이 가지는 자체의 성격이 생겨나서 정문으로 받아들여지는 것이다. 이러한 현상에서 볼 때 **ทำ** / tham / 과 **ให้** / haj / 가 결합된 **ทำให้** / thamhaj / 구문에서는 **ทำ** / tham / 구문과 **ให้** / haj / 구문에서 각각 나타나던 제약들이 결합하는 과정에서 사라지고 새로운 제약이 생겨나지도 않아 사동 표현의 실현에 있어서 가장 생산성이 높다는 것을 알 수 있다.

이상에서 살펴본 바와 같이 태국어의 사동 표현에 있어서 **ทำ** / tham / 구문은 직접 사동을 그리고 **ให้** / haj / 구문은 간접 사동을 나타내고 있다. 그리고 **ทำให้** thamhaj / 구문은 **ทำ** / tham / 구문과 **ให้** / haj / 구문의 성격을 모두 포함하는 성격을 가지고 있어서 상황에 따라 직접 사동과 간접 사동을 모두 나타날 수 있으며 이때의 직접성과 간접성의 판단은 화용론적인 기준이 적용될 것으로 생각된다. 이러한 직접성 관계를 도식으로 나타내면 다음과 같다.

1) ทำ / tham / 구문

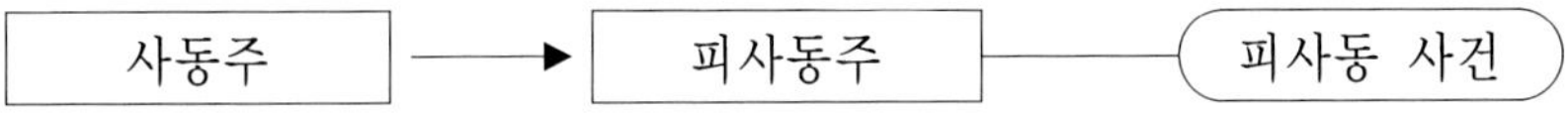

2) ให้ / haj / 구문

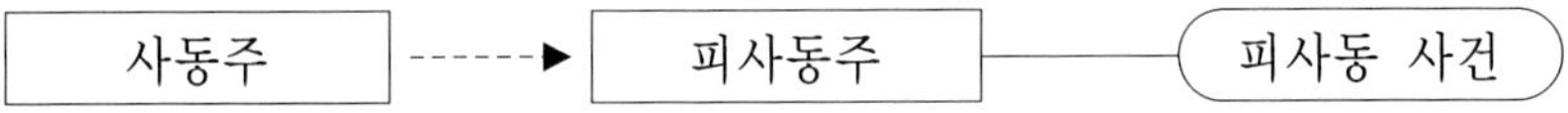

3) ทำให้ / thamhaj / 구문

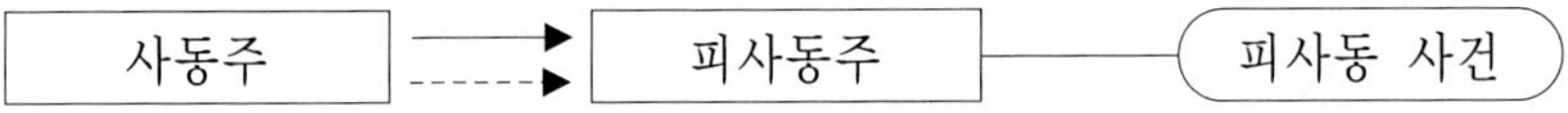

위의 도식에서 직사각형은 명사구를 나타내며 타원은 동사구를 의미한다. 실선은 사동자가 직접 피사동자에게 개입하는 것을 나타내며 점선은 사동자가 피사동자에게 대하여 간접적으로 지시하거나 조종하는 행위를 나타낸다. **ทำให้** / thamhaj / 구문에서는 **ทำ** / tham / 과 **ให้** / haj / 가 결합하면서 **ทำให้** / thamhaj / 자체의 성격이 생겨나지만 이러한 성격은 위에 제시한 도식에 나타나지 않는다.

Ⅵ. 통제력에 따른 사동성의 정도

앞에서 살펴본 바와 같이 태국어에서 사동 표현을 실현시키는 여러 가지 유형에서 의미적 특성과 제약이 다르게 나타남을 알 수 있었다. 이러한 분석의 결과를 바탕으로 사동자와 피사동자가 피사동 사건에 참여하는 정도가 다르다는 추론을 할 수 있다. 구명철(1999)은 사동자와 피사동자가 통제력을 갖는지의 여부에 따라 [사동자, 피사동자] 쌍으로 나타내어 [+통제력, +통제력], [+통제력, −통제력], [−통제력, +통제력], [−통제력, −통제력]의 4가지 가능성을 제시하였다. 그리고 사동자와 피사동자 모두가 통제력을 갖는 경우 즉 [+통제력, +통제력]일 때 사역자와 피사역자의 통제력을 비교함으로써 [+통제력 > +통제력], [+통제력 =+통제력], [+통제력 < +통제력]의 세 가지로 나누었다. 따라서 모두 6가지의 사동의 유형이 설정되었다. 지금부터는 이러한 유형을 태국어에 적용시키고 그 결과에 따라 나타나는 사동성의 정도를 살펴보기로 한다.

1) 조작[+통제력, -통제력]

사동자가 통제력이 있고 피사동자가 통제력이 없는 경우에는 사동문이 조작의 의미를 나타내게 된다. 이때 사동자는 의도성을 가지게 되며 사동 사건은 피사동자의 의지와는 무관하게 나타난다. 이에 대한 예를 들면 다음과 같다.

(110)

สมหญิง	**หัก**	**กิ่งไม้**
somjiŋ	hak	kiŋa:j
쏨잉	부러뜨리다	나뭇가지

쏨잉이 나뭇가지를 부러뜨렸다.

(111)

***ฉัน**	**ทำ**	**นิด**	**กิน**	**ข้าว**
chan	tham	nit	kin	kha:w
나	[사동]	닛	먹다	밥

나는 닛에게 밥을 먹게 했다.

(112)

เขา	**ทำ**	**ให้**	**งาน**	**เสีย**	**หมด**
khao	tham	haj	ŋa:n	sia	mot
그	[사동]	[보문소]	일	그르치다	모두

그는 일을 모두 그르치게 만들었다.

위의 예문에서 보는 바와 같이 조작의 의미를 갖는 사동문은 어휘적 사동에서 일어나며 **ทำให้** / thamhaj / 구문에서는 피사동자가 무생물인 경우에 제한적으로 나타나고 **ให้** / haj / 구문에서는 나타나지 않는다.

2) 강요[+통제력>+통제력]

사동자와 피사동자 모두가 통제력을 가지고 있고 사동자의 통제력이 피사동자의 통제력보다 강한 경우에는 강요의 의미를 나타낸다. 이러한 예를 보면 다음과 같다.

(113)	แดง	ให้	น้อง	กวาด	บ้าน
	dɛ:ŋ	haj	nɔ:ŋ	kwa:t	ba:n
	댕	[사동]	동생	쓸다	집
	댕은 동생이 집을 쓸게 했다.				

(114)	แดง	ทำ	ให้	น้อง	กวาด	บ้าน
	dɛ:ŋ	tham	haj	nɔ:ŋ	kwa:t	ba:n
	댕	[사동]	[보문소]	동생	쓸다	집
	댕은 동생이 집을 쓸게 했다.					

위의 예문에서 보는 바와 같이 강요의 의미를 나타내는 경우는 ให้ / haj / 구문에 의해 기술되며 ทำ / tham / 구문으로는 나타나지 않고 ทำให้ / thamhaj / 구문에서는 사동자와 피사동자가 모두 사람인 경우에 나타난다.

3) 지시[+통제력=+통제력]

사동자와 피사동자 모두가 통제력을 가지고 있고 사동자의 통제력이 피사동자의 통제력과 비슷한 경우에는 지시의 의미를 나타낸다. 예를 들면 다음과 같다.

(115)	แดง	ให้	นิด	มา
	dɛ:ŋ	haj	nit	ma:

댕 [사동] 닛 오다
댕은 닛이 오게 했다.

(116) **แดง ทำ ให้ นิด มา**
dɛ:ŋ tham haj nit ma:
댕 [사동] [보문소] 닛 오다
댕은 닛이 오게 했다.

위의 예문에서 보는 바와 같이 지시의 의미를 나타내는 경우는 **ให้** / haj / 구문에 의해 기술되며 **ทำ** / tham / 구문으로는 나타나지 않고 **ทำให้** / thamhaj / 구문에서는 사동자와 피사동자 모두가 사람인 경우에 한하여 나타날 수 있다.

4) 허락[+통제력<+통제력]

사동자와 피사동자 모두가 통제력을 가지고 있고 사동자의 통제력보다 피사동자의 통제력이 큰 경우에는 허락의 의미를 나타낸다. 이러한 예를 보면 다음과 같다.

(117) **แดง ให้ ฉัน มา**
dɛ:ŋ haj chan ma:
댕 [사동] 나 오다
댕은 나를 오게 했다.

(118) **ฉัน จะ ทำ ให้ แดง เปิด ประตู**
chan caʔ tham haj dɛ:ŋ pɤ:t pratu:
나 [미래] [사동] [보문소] 댕 열다 문

내가 댕으로 하여금 문을 열게 하겠다.

위의 예문에서 보는 바와 같이 허락의 의미를 나타내는 경우는 **ให้** / haj / 구문에서 나타나며 **ทำ** / tham / 구문에서는 나타나지 않는다. 그리고 **ทำให้** / thamhaj / 구문에서는 사동자와 피사동자가 사람인 경우에 나타날 수 있다.

5) 동기[-통제력, +통제력]

사동자가 통제력이 없고 피사동자가 통제력을 갖는 경우에는 동기의 의미를 나타내게 된다. 이러한 예를 들면 다음과 같다.

(119)	**หมาป่า**	**ทำ**	**ให้**	**เขา**	**รีบ**	**กลับ**
	ma:pa:	tham	haj	khao	ri:p	klap
	늑대	[사동]	[보문소]	그	서두르다	돌아가다

늑대가 그를 서둘러 돌아가게 했다.

(120)	**ความกตัญญู**	**ของ**	**เขา**	**ทำ**	**ให้**	**แม่**	**ผ่าตัด**
	khwa:mkatanju:	khɔ:ŋ	khao	tham	haj	mɛ:	pha:tat
	효성	의	그	[사동]	[보문소]	어머니	수술하다

그의 효성은 어머니가 수술을 받게 했다.

위의 예문에서 보는 바와 같이 동기의 의미를 나타내는 경우에는 **ทำให้** / thamhaj / 구문에 의해서만 기술될 수 있으며 다른 구문에서는 나타나지 않는다.

6) 원인[－통제력, －통제력]

사동자와 피사동자 모두가 통제력이 없는 경우에는 원인의 의미를 나타내게 된다. 이러한 예를 들면 다음과 같다.

(121)	นิด	ทำ	ประตู	เปิด
	nit	tham	pratu:	pɤ:t
	닛	[사동]	문	열다
	닛은 문이 열리게 했다.			

(122)	ลม	ทำ	ให้	ประตู	เปิด
	lom	tham	haj	pratu:	pɤ:t
	바람	[사동]	[보문소]	문	열다
	바람에 문이 열렸다.				

위의 예문에서 보는 바와 같이 원인의 의미를 나타내는 경우에는 **ทำ** / tham / 구문과 **ทำให้** / thamhaj / 구문에 의해서만 제한적으로 기술될 수 있으며 **ให้** / haj / 구문에서는 나타나지 않는다.

앞에서 살펴본 바와 같이 태국어에서 어휘적 사동은 조작의 의미를 나타내며 **ให้** / haj / 구문의 경우는 상황에 따라서 강요와 지시 또는 허락의 의미를 표현한다. **ทำให้** / thamhaj / 의 구문을 사용하게 되면 제한적으로 조작의 의미를 나타내며 강요와 지시 또는 허락의 의미를 모두 나타낼 수 있으며 나아가 동기나 원인의 의미까지도 나타낼 수 있다. 그리고 **ทำ** / tham / 의 구문은 원인의 의미를 나타낸다.

구명철(1999)에 의하면 조작의 경우에 사동의 정도가 가장 강하고 따라서 전형적인 사역의 유형이 되며 동기의 경우에 사동자보다 피사동자가 결과 사건에 훨씬 더 적극적으로 참여하므로 가장 주변적인 사동의 유형으로 보았다. 이러한 기준에 따르면 태국어의 사동 표현에 있어 조작의 의미를 나타낼 수 있는 **ทำให้** / thamhaj / 구문이 가장 사동성이 강하고 따라서 전형적인 사동의 유형이라 여겨진다. 우리는 제3장에서 Jackendoff(1994)가 제시하는 사동조건을 바탕으로 **ทำให้** / thamhaj / 구문을 가장 전형적인 사동의 유형으로 분류한 바 있다. 이와 같이 사동자와 피사동자가 갖는 통제력을 바탕으로 한 분석은 태국어의 각 사동구문이 갖는 의미 차이에 대한 앞의 분석이 타당성을 가지고 있음을 확인시켜 주고 있다.

지금까지 태국어의 사동 표현에서 나타나는 여러 가지 의미적 특성과 제약을 살펴보았다. 이를 요약하여 정리해 보면 다음과 같다.

ㄱ. 태국어의 사동 표현에 있어서 사동문의 주어로 나타나는 사동자는 **ทำ** / tham / 구문에서는 유정성을 지닌 사람이나 동물만이 될 수 있으며 **ให้** / haj / 구문에서는 사람만이 사동자의 역할을 수행할 수 있다. 그러나 **ทำให้** / thamhaj / 구문에서는 특별한 제약이 없다.

ㄴ. 피사동자는 **ทำ** / tham / 구문과 **ทำให้** / thamhaj / 구문에서는 특별한 제약이 없다. 그러나 **ให้** / haj / 구문에서는 사람만이 피사동자의 역할을 수행할 수 있다.

ㄷ. **ทำ** / tham / 구문에서는 인식 양상의 의미를 나타내기 때문에 의무의 의미를 나타내는 양태 조동사 **ต้อง** / tɔ:ŋ / 이나 의지의 의미를 나타내는 조동사 **จะ** / caʔ / 등의 사용에 제약이 있다. 그러나 **ให้** / haj / 구문의 경우에는 의무 양상의 의미를 나타내기 때문에 추측의 의미를 나타내는 양태 조동사 **อาจ** / ʔa:t / 이나 필요성을 나타내는 조동사 **ควร** / khuan / 등의 사용에 제약이 있다. 그리고 **ทำให้** / thamhaj / 구문에서는 인식 양상과 의무 양상의 의미를 모두 나타내며 양태 조동사의 제약도 없다.

ㄹ. 태국어의 ทำ / tham / 구문은 사동자의 의도성이 없이 우연이나 사고에 의해 일어나는 사동 사건을 나타낸다. 이에 비해 ให้ / haj / 구문은 사동자가 의도성을 가지고 행하는 사동 사건을 나타낸다. 그리고 ทำให้ / thamhaj / 구문은 사동자의 사동자가 의도적으로 혹은 비의도적으로 행하는 사동 사건을 모두 나타낼 수 있다.

ㅁ. 태국어의 ทำ / tham / 구문은 사동자의 행위가 피사동 사건에 직접 개입하는 직접 사동을 나타낸다. 이에 비해 ให้ / haj / 구문은 사동자의 행위가 피사동자에게 영향을 주어서 피사동자가 피사동 행위를 수행하도록 하는 간접 사동을 나타낸다. 그리고 ทำให้ / thamhaj / 구문은 ทำ / tham / 구문과 ให้ / haj / 구문의 성격을 포함하는 포괄적인 성격을 가지고 있어서 상황에 따라 직접 사동과 간접 사동을 모두 나타낼 수 있다.

ㅂ. 어휘적 사동은 조작의 의미를 나타내며 ให้ / haj / 구문의 경우는 상황에 따라서 강요와 지시 또는 허락의 의미를 표현한다. 이에 비해 ทำให้ / thamhaj / 의 구문을 사용하게 되면 조작이나 강요, 지시 또는 허락의 의미뿐만 아니라 동기나 원인의 의미까지 모두 나타낼 수 있다. 그리고 ทำ / tham / 구문은 원인의 의미를 나타낸다.

제 6 장

맺는 글

06

맺는 글

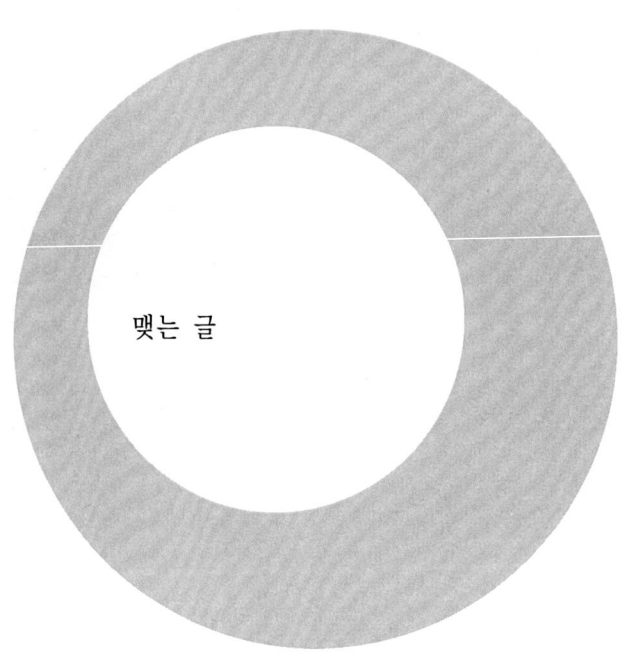

제 6 장 맺는 글

아직까지 태국어의 사동에 대한 연구는 그다지 활발하지 못한 것이 사실이다. 사동에 대한 정의도 연구자들에 따라 차이를 보이고 태국어에 나타나는 사동 표현에 대한 체계적인 기술이 부족했다. 본 연구에서는 이러한 문제를 해결하기 위하여 보다 객관적이고 타당성 있는 사동의 개념을 확립하고 이에 따라 태국어에서 사동과 관련하여 일어나는 언어 현상을 기술하였다. 이렇게 기술된 언어자료를 바탕으로 태국어에서 실현되는 여러 가지 사동 표현 간에 어떠한 통사적, 의미적 특성과 제약이 있는지를 파악하여 각 사동 구문 간의 의미 차이를 밝혀낼 수 있었다.

태국어의 사동은 크게 어휘적 사동과 통사적 사동으로 나눌 수 있다. 기존의 연구에서 어휘적 사동의 정의는 하나의 문장이 두 가지 이상의 사건을 기술하면서 의미상으로 원인과 결과를 나타내는 것이라고 정의되어 왔다. 이러한 정의에 따르면 어휘적 사동은 타동사 문장에서 주어로 나타나는 사동자가 목적어로 나타나는 피사동자에게 '상태의 변화'를 일으키는 경우에 실현된다. 그러나 형태의 변화가 없는 태국어에서 어휘적 사동은 동사가 지닌 의미관계에 의해서만 이루어지는데, '상태의 변화'에는 애매한 점이 많아 객관적이지 못하고 타당성이 부족하다는 문제가 있었다. 본 연구에서는 태국어의 어휘적 사동에 있어 사동사의 기능을 하는 타동사가 중립 동사의 성격을 지니고 있다는 점에서 어휘적 사동에 대한 새로운 통사적 조건과 의미적 조건을 설정하였다. 이를 요약해 보면 다음과 같다.

ㄱ. 통사적 조건: 태국어의 어휘적 사동을 실현시키는 타동사는 중립 동사로서 자동사문 구조와 타동사문 구조에 형태 변화 없이 나타나며 동일한 명사구가 자동사문의 주어와 타동사 문의 목적어가 될 수 있는 분포를 갖는 동사의 한 유형이다. 이를 형식화하면 다음과 같다.

$$NP_i \quad V \quad NP_j \quad \leftrightarrow \quad NP_j \quad V$$

ㄴ. 의미적 조건: 태국어의 어휘적 사동을 실현시키는 타동사는 중립 동사로서 타동사 문의 주어는 동사의 동작이나 행위의 과정이 실현되도록 만드는 사동자의 역할을 한다.

위와 같이 어휘적 사동을 중립 동사에 의거하여 설명할 경우에 기존의 분석에서 안고 있었던 개념의 애매함과 모호성을 해소시킬 수 있다.

태국어의 통사적 사동에 있어서도 어휘적 사동에서와 마찬가지로 통사적 조건과 의미적 조건을 만족시켜야 한다고 제시하였다. 이를 간단하게 요약해 보면 다음과 같다.

ㄱ. 통사적 조건: 사동사의 기능을 하는 타동사가 목적어로 절을 취하여야 한다.

ㄴ. 의미적 조건: 태국어의 사동을 실현시키기 위해서는 다음과 같은 세 가지 조건이 충족되어야 한다.

a. 의도성 조건: 사동 행위를 수행하는 사동자는 사동 사건을 수행하

는 데 있어서 의도성이 있어야 한다.

b. 직접성 조건: 사동자는 피사동 사건에 직접 개입하여야 한다.

c. 수행성 조건: 사동자의 사동 행위 이후에 피사동자의 피사동 행위가 반드시 수행되어야 한다.

기존의 연구에서는 태국어의 통사적 사동을 실현시키는 것을 **ทำ** / tham / , **ให้** / haj / 그리고 **ทำให้** / thamhaj / 구문으로 분석하여 왔으나 위의 조건에 따라 태국어의 통사적 사동 표현을 살펴본 결과 **ทำ** / tham / 구문은 의도성 조건을 충족시키지 못하고 있으며 **ให้** / haj / 구문은 직접성 조건과 수행성 조건을 충족시키지 못하고 있다. 이에 비해 **ทำให้** / thamhaj / 구문은 사동 조건을 모두 충족시키는 것이 가능한 사동구문임을 알 수 있었다. 지금까지의 분석과는 달리 태국어의 **ให้** / haj / 구문은 사동이 되기 위한 필수 조건인 수행성 조건을 충족시키지 못하므로 의사사동으로 분류하였다. 또한 **ทำ** / tham / 구문은 의도성 조건을 충족시키지 못하므로 전형적인 사동의 틀에서 벗어나는 반면에 **ทำให้** / thamhaj / 구문은 세 가지의 사동 조건을 모두 갖출 수 있으므로 그 경우에는 가장 전형적인 사동이 됨을 알 수 있었다.

그리고 **ทำให้** / thamhaj / 구문의 성격을 규명함에 있어서 기존의 분석에서는 이를 **ทำ** / tham / 과 **ให้** / haj / 의 결합 관계가 아닌 별개의 요소라고 분석하여 왔으나 두 구문의 통사적 의미적 특성과 제약을 분석한 결과 **ทำให้** / thamhaj / 구문의 **ให้** / haj / 는 하위문을 유도하는 보문소임을 밝히고 **ทำให้** / thamhaj / 구문을 **ทำ** / tham / 구문의 하위 부류로 분류하였다. 그러나 **ทำให้** / thamhaj / 가 **ทำ** / tham / 과 **ให้** / haj / 의 결합으로 이루어지긴 했지만 두 단어가 특별한 관련성을 맺고 있기 때문에 **ทำให้** / thamhaj / 구문이 **ทำ** / tham / 의 성격과 **ให้** / haj / 의 성격을 포함하는 포괄적인 성격을 갖게 되며 나아가 **ทำให้** / / thamhaj / 자체의 성격이 생겨난다. 따라서 **ทำให้** / thamhaj / 가 **ทำ** / tham / 과 **ให้** / haj / 의 결합 관계가 아니라는 이전의 분석은 수정되었지만 이를 별도의 특별한 구문으로 다루었다.

태국어에서 가장 복잡한 통사적 분포를 보이면서 다양한 의미 기능을 하는 ให้ / haj / 에 대해서도 기존의 분석에서는 이중목적어 동사, 전치사, 부동사, 동사 연결어, 조동사, 문장 연결 접속사의 기능을 하는 것으로 파악하여 왔다. 그러나 이번 연구를 통해 이를 다시 살펴본 결과 전치사의 기능을 하는 ให้ / haj / 와 동사 연결어의 기능을 하는 ให้ / haj / 는 부동사의 기능을 하는 것임을 알았고 조동사의 기능을 하는 ให้ / haj / 는 사동사의 기능을 하며 문장 연결 접속사의 기능을 하는 ให้ / haj / 는 세부적으로는 보문소의 기능을 하거나 부사화소의 기능을 하고 있다는 것을 알았다.

결론적으로 태국어에서 사동을 실현시키는 통사적 사동법은 ทำ / tham / 구문과 ทำให้ / thamhaj / 구문이며 ให้ / haj / 구문은 의사사동의 의미를 나타내는 구문으로 분류할 수 있다. 사동 관련 의미를 나타내는 ทำ / tham /, ให้ / haj / 그리고 ทำให้ / thamhaj / 구문의 특성과 의미적 차이를 분석한 결과 ทำ / tham / 구문에서는 유정성을 지닌 사람이나 동물만이 주어가 될 수 있다. 또 우연이나 사고에 의해 발생하는 직접성을 지닌 사동 사건을 기술하며 원인의 의미를 나타낸다. ให้ / haj / 구문에서는 사람만이 사동자의 역할을 수행할 수 있으며 의도성을 가지고 간접적으로 수행되는 사동 사건을 기술한다. 아울러 ให้ / haj / 구문의 사동은 강요나 지시 또는 허락의 의미를 나타낸다. 그리고 ทำให้ / thamhaj / 구문에서는 특별한 제약 없이 직접 사동이나 간접 사동 그리고 의도성 있는 사동이나 비의도성을 지닌 사동의 의미를 제한 없이 나타낼 수 있으며 조작이나 지시 강요 허락 그리고 동기나 원인의 의미 등을 모두 나타낼 수 있다.

이번 연구를 통하여 태국어의 새로운 사동의 개념을 정립하고 사동문의 실현조건을 제시하였으며 이를 바탕으로 태국어의 사동에 관련된 언어 현상을 기술하였다. 이를 바탕으로 각 사동 표현 구문 간의 통사적 의미적 특성과 제약을 파악하고 각 사동 표현 구문 간의 의미 차이를 살펴볼 수 있었다. 이러한 태국어의 사동 표현에 대한 연구는 태국어라는 하나의 개별 언어가 갖는 특성을 밝히고 이를 기술함으로써 태국어의 언어현상을 이해하는 데 도움이 되고 나아가 언어의 보편성을 설명하는 데에도 기여하리라고 생각한다. 또한 부수적으로 ให้ / haj / 의 기능을 새롭게 밝혀내고 이를 객관적이고 명확하게 설명함으로써 태국어를 외국어로 배우고 가르치는 외국어 학습에도 적지 않게 도움이 되리라고 생각한다.

부 록1

태국어의 구조와 특징

Ⅰ. 태국어의 문자

태국어에서 사용하는 문자는 타이 문자로 서기 1283년에 쑤코타이 왕국의 람캄행 대왕에 의해 고안되었다. 타이 문자는 크메르 문자를 비롯한 여러 문자를 바탕으로 하여 고안된 것으로 자음 44자와 모음 32자로 이루어져 있다.

1. 자음

자음은 모두 44자로 어떤 음은 여러 개의 자음으로 나타날 수 있다. 자음은 자신의 이름을 가지고 있는데 자음의 이름은 각 자음의 음가와 그 자음이 사용되는 대표 단어가 결합된 형태로 되어 있다.

ก	/ k /	ก – ไก่	ข	/ kh /	ข – ไข่
ฃ	/ kh /	ฃ – ฃวด	ค	/ kh /	ค – ควาย
ส	/ kh /	ส – สน	ฆ	/ kh /	ฆ – ระฆัง
ง	/ ŋ /	ง – งู	จ	/ c /	จ – จาน
ฉ	/ ch /	ฉ – ฉิ่ง	ช	/ ch /	ช – ชาง

ซ	/s/	ซ – โซ่	ฌ	/ch/	ฌ – เฌอ
ญ	/j/	ญ – หญิง	ฎ	/d/	ฎ – ชฎา
ฏ	/t/	ฏ – ปฏัก	ฐ	/th/	ฐ – ฐาน
ฑ	/th/	ฑ – นางมนโฑ	ฒ	/th/	ฒ – ผู้เฒ่า
ณ	/n/	ณ – เณร	ด	/d/	ด – เด็ก
ต	/t/	ต – เต่า	ถ	/th/	ถ – ถุง
ท	/th/	ท – ทหาร	ธ	/th/	ธ – ธง
น	/n/	น – หนู	บ	/b/	บ – ใบไม้
ป	/p/	ป – ปลา	ผ	/ph/	ผ – ผึ้ง
ฝ	/f/	ฝ – ฝา	พ	/ph/	พ – พาน
ฟ	/f/	ฟ – ฟัน	ภ	/ph/	ภ – สำเภา
ม	/m/	ม – ม้า	ย	/j/	ย – ยักษ์
ร	/r/	ร – เรือ	ล	/l/	ล – ลิง
ว	/w/	ว – แหวน	ศ	/s/	ศ – ศาลา
ษ	/s/	ษ – ฤาษี	ส	/s/	ส – เสือ
ห	/h/	ห – หีบ	ฬ	/l/	ฬ – จุฬา
อ	/ʔ/	อ – อ่าง	ฮ	/h/	ฮ – นกฮูก

위의 44개의 자음은 표기목적에 따라 다음과 같이 세 가지 종류로 나누어질 수 있다.(พระยาอุปกิตศิลปสาร๒๕๓๓: ๑๑)

1) 중간자음 (พยัญชนะกลาง): 태국어뿐만 아니라 팔리어 싼스크릿트어를 비롯한 외래어들을 표기하는 데 두루 사용되는 21개의 자음을 말한다.

ก ข ค ง จ ฉ ช ต ถ ท น ป ผ พ ม ย ร ล ว ส ห

2) 원유자음 (พยัญชนะเดิม): 팔리어와 싼스크릿트어 그리고 일부 유럽

언어에서 차용된 말을 표기하기 위해서 사용되는 13개의 자음으로 일반 태국어 표기에는 사용되지 않는다.

ฆ ฌ ญ ฎ ฐ ฑ ฒ ณ ธ ภ ศ ษ ฬ

3) 보충자음 (**พยัญชนะเติม**): 태국어의 어조에 맞게 표기하기 위해 고안된 자음으로 태국어와 외래어에서 태국어화된 말을 두루 표기할 수 있도록 10개의 자음을 추가한 것이다.

ข ส ซ ฏ ด บ ฝ ฟ อ ฮ

또한 태국어의 성조와 관련하여 삼분(**ไตรยางศ์**)하면 다음과 같이 분류될 수 있다.

ㄱ. 중자음 (**อักษรกลาง**): 9자

ก จ ด ต ฎ ฏ บ ป อ

ㄴ. 음 (**อักษรสูง**): 11자

ข ฃ ฉ ฐ ถ ผ ฝ ศ ษ ส ห

ㄷ. 자음 (**อักษรต่ำ**): 24자

ค ฅ ฆ ง ช ซ ฌ ญ ฑ ฒ ณ ท
ธ น พ ฟ ภ ม ย ร ล ว ฬ ฮ

2. 모 음

태국어의 기본 모음은 32자이다. ฤ ฤา ฦ ฦา를 제외하고는 모두 홀로 사용될 수 없으며 초자음이 없는 경우에 'อ'이 초자음으로 함께 사용되어야 한다.(กำชัยทองหล่อ,๒๕๓๐: ๕๘)

อะ	/ a /	อา	/ a: /
อิ	/ i /	อี	/ i: /
อึ	/ ɯ /	อื	/ ɯ: /
อุ	/ u /	อู	/ u: /
เอะ	/ e /	เอ	/ e: /
แอะ	/ ɛ /	แอ	/ ɛ: /
โอะ	/ o /	โอ	/ o: /
เอาะ	/ ə /	ออ	/ ə: /
เออะ	/ ɤ /	เออ	/ ɤ: /
เอียะ	/ ia /	เอีย	/ ia: /
เอือะ	/ ɯa /	เอือ	/ ɯa: /
อัวะ	/ ua /	อัว	/ ua: /
ฤ	/ ri /	ฤา	/ ri: /
ฦ	/ ra /	ฦา	/ ra: /
อำ	/ am /	ใอ	/ aj /
ไอ	/ aj /	เอา	/ ao /

3. 문자 표기법

ㄱ. 모음 เ_แ_ใ_ไ_โ_는 자음의 앞에 표기한다.

เ_ ; เจ เสเพล เกเร

แ_ ;	แม่	แต่	แก	แล	
ใ_ ;	ให้	ใคร	ใส่	ใจ	
ไ_ ;	ได้	ไป	ไหน	ไม่	
โ_ ;	โมโห	โทโส	โก้เก๋	โต๊ะ	

ㄴ. 모음_ะ_า_ฤ _ย_ร_วฺ와 อ는 자음의 뒤에 표기한다.

_ะ ;	กะทะ	ชนะ	ฐานะ		
_า ;	กา	นา	พา	หา	มา
_ฤ ;	ทฤษฎี	กฤษณา			
_ย ;	เมีย	เตี้ย	เสีย		
_ร ;	สรร	จร	กรรม	สรรพ	
_ว ;	ผัว	หัว	ทั่ว		
_อ ;	เธอ	เบื่อ	เถอะ		

ㄷ. 모음 _ั _ิ _ี _ึ _ื _ำ은 자음의 위에 표기한다.

_ั ;	ผัว	รั่ว	ชั่ว			
_ิ ;	กิตติ	นิติ	ชิชิ			
_ี ;	มี	ขี่	ปลี			
_ึ ;	กึ่ง	ตึง	ผึ้ง			
_ื ;	ยืน	ถือ	ปืน	หรือ	_ำ;	คำ
	ขำ	ต่ำ	นำ			

ㄹ. 모음 _ุ _ู 은 자음의 아래에 표기한다.

_ุ ;	กุ	ฉุ	ดุ	
_ู ;	กู	ดู	ปู	หู

ㅁ. 모음 ฤ ฤๅ ฦ ฦๅ는 홀로 사용한다.

Ⅱ. 태국어의 음운체계

말의 뜻을 구별해 주는 소리의 단위를 음운이라 하는데 태국어의 음운체계는 자음과 모음 그리고 성조가 있다.

1. 자 음

태국어에서 자음으로 된 음소에는 다음과 같이 모두 21개의 음소가 있다.(กาญจนา นาคสกุล,๒๕๒๔: ๗๐－๗๓)

자음음소	표기자음	소리형태
/ b /	บ	파열음－울림소리－두 입술
/ p /	ป	파열음－안울림소리－된소리－두 입술
/ ph /	พ ภ	파열음－안울림소리－거센소리－두 입술
/ d /	ด ฎ	파열음－울림소리－잇몸
/ t /	ฏ ต	파열음－안울림소리－된소리－잇몸
/ th /	ฐ ฑ ฒ ถ ท ธ	파열음－안울림소리－거센소리－잇몸
/ c /	จ	파열음－안울림소리－된소리－경구개
/ k /	ก	파열음－안울림소리－된소리－연구개
/ kh /	ข ค ฆ	파열음－안울림소리－거센소리－연구개
/ ˀ /	อ	파열음－울림소리－목청
/ ch /	ฉ ช ฌ	파찰음－안울림소리－된소리－경구개
/ f /	ฝ ฟ	마찰음－안울림소리－윗니와 아래 입술
/ s /	ซ ศ ษ ส	마찰음－안울림소리－잇몸

/h/	ห ฮ	마찰음－울림소리－목청
/m/	ม	비음－울림소리－두 입술
/n/	ณ น	비음－울림소리－두 입술
/ŋ/	ง	비음－울림소리－연구개
/l/	ฬล	설측음－울림소리－잇몸
/r/	ร	유음－울림소리－잇몸
/w/	ว	반모음－울림소리－두 입술
/j/	ย	반모음－울림소리－경구개

위의 21개 음소 중에서 종자음으로 나타날 수 있는 음소는 /k/ /n/ /t/ /ŋ/ /p/ /m/ /j/ /w/ /ʔ/ 등의 9개 음소뿐이다.(**ดวงมนจิตร์จำนงค์และอาภาพรรณวรรณโชติ,๒๕๒๙: ๑๙**)

앞에서 설명한 자음 음소를 도표로 나타내면 다음과 같다.

조음위치	두 입술	윗니와 아랫입술	잇몸	잇몸 경구개	경구개	연구개	목청
조음형태	VD VL	VD VL	VD VL	VD VL	VD VL	VD VL	VD VL
파열음 무기음	/b/ /p/		/d/ /t/	/c/		/k/	/ʔ/
파열음 유기음	/ph/		/th/			/kh/	
파찰음				/ch/			
마찰음		/f/	/s/				/h/
비음	/m/		/n/			/ŋ/	
설측음			/l/				
유음			/r/				
반모	/w/			/j/			

2. 모 음

태국어에서 모음으로 된 음소에는 단모음 18개의 음소와 이중모음 3개의 음소가 있다.(กาญจนา นาคสกุล,๒๕๒๔: ๗๐－๗๓)

ㄱ. 단모음 (單母音): 단모음은 아무리 길게 소리를 내더라도 그 소리를 발음하는 도중에 입술이나 혀의 모양이 변하지 않는 모음을 말한다.

_ิ	/ i /	전설－고모음－단모음	평순모음
_ี	/ i: /	전설－고모음－장모음	평순모음
เ_ะ	/ e /	전설－중모음－단모음	평순모음
เ_	/ e: /	전설－중모음－장모음	평순모음
แ_ะ	/ ɛ /	전설－저모음－단모음	평순모음
แ_	/ ɛ: /	전설－저모음－장모음	평순모음
_ึ	/ ɯ /	중설－고모음－단모음	평순모음
_ื	/ ɯ: /	중설－고모음－장모음	평순모음
เ_อะ	/ ɤ /	중설－중모음－단모음	평순모음
เ_อ	/ ɤ: /	중설－중모음－장모음	평순모음
_ะ	/ a /	중설－저모음－단모음	평순모음
_า	/ a: /	중설－저모음－장모음	평순모음
_ุ	/ u /	후설－고모음－단모음	원순모음
_ู	/ u: /	후설－고모음－장모음	원순모음
โ_ะ	/ o /	후설－중모음－단모음	원순모음
โ_	/ o: /	후설－중모음－장모음	원순모음
เ_าะ	/ ɔ /	후설－저모음－단모음	원순모음
_อ	/ ɛ: /	후설－저모음－장모음	원순모음

위에서 설명한 18개의 단모음 음소를 정리해 보면 다음과 같이 나타낼 수 있다.

혀의 위치	전설	중설	후설
원순성	평순	평순	원순
길이 / 혀위치	장 단	장 단	장 단
고	/ i / / i: /	/ ɯ / / ɯ: /	/ u / / u: /
중	/ e / / e: /	/ ɤ / / ɤ: /	/ o / / o: /
저	/ ɛ / / ɛ: /	/ a / / a: /	/ ɔ / / ɔ: /

ㄴ. 이중모음(二重母音): 단모음과 달리 소리를 내는 중간에 입술의 모양이나 혀의 위치가 달라지는 모음을 말한다.

모음 / ia / 모음 / i / 로 시작하여 모음 / a / 로 끝나는 모음
모음 / i:a: / 모음 / i: / 로 시작하여 모음 / a: / 로 끝나는 모음
모음 / ɯa / 모음 / ɯ / 로 시작하여 모음 / a / 로 끝나는 모음
모음 / ɯ:a: / 모음 / ɯ: / 로 시작하여 모음 / a: / 로 끝나는 모음
모음 / ua / 모음 / u / 로 시작하여 모음 / a / 로 끝나는 모음
모음 / u:a: / 모음 / u: / 로 시작하여 모음 / a: / 로 끝나는 모음

태국어의 이중모음은 길이에 따라 다시 단모음(短母音)과 장모음(長母音)으로 나누게 되면 모두 6개의 음소가 되나 이중모음의 경우 그 길이에 따라 의미가 달라지는 경우가 거의 없으므로 장단음을 구분하지 않고 3개의 음소로 취급한다.(**ประสิทธ์ กาพย์กลอน,๒๕๑๙: ๘๒**)

3. 성 조

태국어의 성조는 모두 5개가 있으며 (**ประสิทธ์ กาพย์กลอน, ๒๕๑๙: ๘**

๖–๘๙) 다음과 같이 두 가지로 나눌 수 있다.

1) 소리의 높이가 일정한 성조로 다음과 같이 세 가지가 있다

① 1성 :소리의 높이가 낮은 곳에서 일정한 성조로 부호\를 사용하여 나타낸다.

② 평성 :소리의 높이가 중간에서 일정한 성조로 부호—를 사용하여 나타낸다.

③ 3성 :소리의 높이가 높은 곳에서 일정한 성조로 부호/를 사용하여 나타낸다.

2) 소리의 높이가 일정하지 않은 성조로 다음과 같이 두 가지가 있다.

① 2성: 소리의 높이가 높아졌다가 낮아지는 성조로 부호 ^를 사용하여 나타낸다.

② 4성: 소리의 높이가 낮은 곳에서 높아지는 성조로 부호 ˇ를 사용하여 나타낸다.

태국어의 5개 성조의 소리높이를 비교하여 도표로 표시하면 다음과 같다.

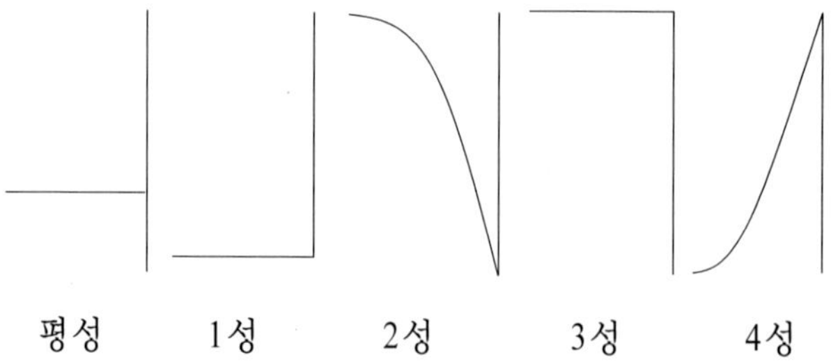

-태국어 성조의 예

평성	**มี**	**ดิน**	**จริง**	**อา**
	mi:	din	ciŋ	a:
	있다	땅	정말	아저씨 / 아주머니
1성	**ป่า**	**กฎ**	**อบ**	**กัด**
	pa:	kot	ˀop	kat
	숲	규칙	찌다	물다
2성	**อ้า**	**หน้า**	**ค่า**	**ห้า**
	ˀa:	na:	kha:	ha:
	벌리다	앞 / 얼굴	값	다섯
3성	**ร้าน**	**ค้า**	**โต๊ะ**	**ม้า**
	ra:n	kha:	toˀ	ma:
	가게	상(商)	탁자	말
4성	**จ๋า**	**หนา**	**ฉาย**	**หาย**
	ca:	na:	cha:j	ha:j
	준위	두꺼운	상영하다	잃다

Ⅲ. 문 장

1. 기본 성분

태국어에서 문장의 기본 성분이라 함은 문장구성에 있어서 필수적인 주어와 술어를 의미한다. 이러한 기본 성분을 이루는 요소에는 다음과 같은 5가지가 있다.

ㄱ. 주어 (S)
ㄴ. 술어
가) 자동사 (Vi)
나)타동사 (Vt)
다)이중목적어 동사 (Vtt)
ㄷ. 직접 목적어 (DO)
ㄹ. 간접 목적어 (IO)
ㅁ. 독립언 (NP)

1) 주어 (S)는 문장 안에서 동사의 앞에 위치하는 문장의 구성 성분을 말한다

ฉัน	**จะ**	**พัด**	**ให้**
chan	caˀ	phat	haj
나	[미래]	부치다	-주다

내가 부채질 해줄게.

แดง	**ยิ้ม**	**ให้**	**น้อง**
dɛ:ŋ	jim	haj	nɔ:ŋ

댕　웃다　-주다　동생
댕은 동생에게 웃어 주었다.

위의 문장에서 **ฉัน** / chan / 과 **แดง** / dɛ:ŋ /은 주어의 역할을 한다.

2) 직접 목적어 (DO)는 동사 뒤에 오는 문장의 구성 성분을 말한다

แดง　เย็บ　เสื้อ　ให้　ลูก
dɛ:ŋ　jep　sɯa　haj　lu:k
댕　꿰매다　옷　-주다　자식
댕은 자식에게 옷을 꿰매 주었다.

ฉัน　จะ　เปิด　ประตู　ให้
chan　caʔ　pɤ:t　pratu:　haj
나　겠　열다　문　-주다
내가 문을 열어 줄게.

위의 문장에서 **เสื้อ** / sɯa / 와 **ประตู** / pratu: / 는 직접 목적어의 역할을 한다.

3) 간접 목적어 (IO)는 직접 목적어 (DO) 뒤에 위치하는 문장의 구성 성분을 말한다

นิด　รด　น้ำ　ตนไม้　ให้　แม่　แล้ว
nit　rot　na:m　tonma:jhaj　mɛ:　lɛ:w
닛　뿌리다　물　나무　-주다　엄마　[완료]
닛은 엄마를 위해 나무에 물을 주었다.

คุณ	**จะ**	**คืน**	**หนังสือ**	**ห้องสมุด**	**เมื่อไร**
khun	caʔ	khɯ:n	naŋsɯ:	hɔ:ŋamut	mɯaraj
당신	겠	반납하다	책	도서관	언제

언제 도서관에 책을 반납하시겠습니까?

위의 문장에서 **แม่** / mɛ: / 와 **ห้องสมุด** / hɔ:ŋamut / 은 간접 목적어의 역할을 한다.

4) 단일명사 (NP)는 동사와 관계없이 혼자서 독자적인 기능을 하는 문장 성분을 말한다

แม่
mɛ:
엄마.

สมชาย
somchaj
쏨차이.

위의 문장에서 **แม่** / mɛ: / 와 **สมชาย** / somchaj / 는 단일명사의 역할을 한다.

5) 자동사 (Vi)는 뒤에 목적어를 동반하지 않는 동사를 말한다

เหนื่อย
nɯaj
피곤하다.

หนาว

na:w

춥다.

เร็ว

rew

빠르다.

위의 문장에서 **เหนื่อย** / nɯaj / , **หนาว** / na:w / , **เร็ว** / rew / 는 자동사의 역할을 한다.

6) 타동사 (Vt)는 직접 목적어가 뒤에 오는 동사를 말한다

ฉัน	**หิว**	**น้ำ**
chan	hiw	kha:w
나	배고프다	물

나는 목이 마르다.

แม่	**ทอด**	**ปลา**
mɛ:	thɔ:t	pla:
어머니	튀기다	생선

어머니는 생선을 튀기신다.

เขา	**เขียน**	**จดหมาย**
khao	khian	cotma:j
그	쓰다	편지

그는 편지를 쓴다.

위의 문장에서 **หิว** / hiw / , **ทอด** / thɔ:t / , **เขียน** / khian / 은 타동사의 역할을 한다.

7) 이중목적어 동사 (Vtt)는 직접 목적어와 간접 목적어가 뒤따르는 동사를 말한다

พี่	**ป้อน**	**ข้าว**	**น้อง**
phi:	pɔ:n	kha:w	nɔ:ŋ
형	먹이다	밥	동생

형은 동생에게 밥을 먹인다.

ฉัน	**ให้**	**ดอกกุหลาบ**	**เธอ**
chan	haj	dɔ:kkula:p	tɤ:
나	주다	장미꽃	그녀

나는 그녀에게 장미꽃을 주었다.

위의 문장에서 **ป้อน** / pɔ:n / 과 **ให้** / haj / 는 이중목적어 동사의 역할을 한다.

위와 같은 문장의 기본 성분이 형성하는 문장의 기본 구조에서 주어가 문장의 앞머리에 오는 경우에는 다음의 세 가지 형태이다.

① 주어(S)+자동사(Vi)

ข้าว	**หมด**
kha:w	mot
밥	다하다

밥이 다 떨어졌다.

② 주어(S)+타동사(Vt) +직접 목적어(DO)

สมศรี	**ซัก**	**ผ้า**
somsi:	sak	pha:
쏨씨	빨다	옷

쏨씨는 옷을 빤다.

③ 주어(S) +이중목적어 동사(Vtt)+직접 목적어(DO)+간접 목적어(IO)

ใคร	**สอน**	**ภาษาไทย**	**เด็ก**	**กลุ่มนี้**
khraj	sɔ:n	phasa:thaj	dek	klumni:
누구	가르치다	태국어	아이	이 그룹

이 그룹의 아이들은 누가 태국어를 가르칩니까?

2. 문장의 종류

1) 단 문

단문은 하나 혹은 여러 개의 문장 성분으로 구성된 문장이 단 하나만의 절을 가지고 있는 형태의 문장을 말한다. 단문은 문장이 대화의 첫머리에 올 수 있는지의 여부에 따라 다음과 같이 두 가지로 나눌 수 있다.

① 무전제문

무전제문이란 발화 시에 특정한 상황이나 전제 없이 완전한 의미를 전달할 수 있는 문장을 말한다. 예를 들면 다음과 같다.

วันนี้	**อากาศ**	**ดี**

wanni:	ʔa:ka:t		di:	
오늘	날씨		좋다	

오늘은 날씨가 좋다.

ดอกไม้	**หอม**	**จัง**	**เลย**	
dɔ:kma:j	hɔ:m	caŋ	lɤ:j	
꽃	향기롭다		매우	강조

꽃이 매우 향기롭다.

② 유전제문

유전제문이란 발화 시에 특정한 상황이나 전제가 있어야 완전한 의미를 전달할 수 있는 문장을 말한다. 예를 들면 다음과 같다.

เคย	**เห็น**	**แล้ว**
kɤ:j	hen	lɤ:w
[경험]	보다	[완료]

본 적이 있다.

วันหลัง	**จะ**	**ไป**	**อีก**
wanlaŋ	caʔ	paj	ʔi:k
훗날	[미래]	가다	다시

나중에 다시 가야겠다.

2) 복 문

복문은 여러 개의 문장성분으로 구성된 문장이 두 개 이상의 절을 이루고 있는 형태의 문장을 말한다. 복문은 다음과 같이 두 가지로 나눌 수 있다.

① 상위절과 하위절로 이루어진 복문

ฉัน	ชอบ	เด็ก	ที่	มาหา	เธอ	เมื่อเช้า
chan	chɔ:p	dek	thi:	ma:ha:	thɤ:	mɯacha:w
나	좋아하다	아이	[관계화소]	찾아오다	너	오늘아침

나는 오늘 아침에 너를 찾아온 아이를 좋아한다.

② 태국어의 특정한 세 가지 형태를 가지고 있는 복문

－이중목적어 동사(Vtt)+간접 목적어(IO)+직접 목적어(DO)

ต้อง	บอก	แดง	ว่า	ฉัน	จะ	ไป	งาน	คืนนี้
tɔ:ŋ	bɔ:k	dɛ:ŋ	wa:	chan	caʔ	paj	ŋ:n	khɯ:nni:
꼭	말하다	댕	[보문소]	나	[미래]	가다	일	오늘밤

댕에게 내가 오늘 밤 행사에 가야 한다고 꼭 말해야 한다.

－주어 (S)+이중목적어 동사(Vtt)+간접 목적어(IO)+직접 목적어(DO)

ฉัน	จะ	ถาม	เขา	ว่า	จะ	มา	อีก	ไหม
chan	caʔ	tha:m	khao	wa:	caʔ	ma:	ʔi:k	maj
나	[미래]	묻다	그	[보문소]	[미래]	오다	또	[의문]

나는 그에게 또 오겠느냐고 물어보겠다.

－직접 목적어(DO)+간접 목적어(IO)+주어(S)+이중목적어 동사(Vtt)

รางวัล	แก่	เด็ก	เรียน	เก่ง	ครู	จะ	ให้
ra:ŋwan	kɛ	dek	rian	ke:ŋ	khru:	caʔ	haj
상	에게	아이	공부하다	잘	선생	[미래]	－주다

공부 잘한 학생들에게 선생님이 상을 주겠다.

3) 중 문

중문은 두 개 이상의 주절을 가지고 있는 문장을 말한다. 예를 들면 다음과 같다.

เขา	ชอบ	ไป	เที่ยว	แต่	ฉัน	ชอบ	อยู่	บ้าน
khao	chɔ:p	paj	thiaw	tɛ:	chan	chɔ:p	ju:	ba:n
그	좋아하다	가다	놀다	그러나	나	좋아하다	있다	집

그는 놀러 가기를 좋아하지만 나는 집에 있기를 좋아한다.

แดง	จะ	ไป	ซื้อ	ของ	แล้ว	ไป	ตัด	ผม
dɛ:ŋ	ca:	paj	sɯ:	khɔŋ	lɛ:w	paj	tat	phom
댕	[미래]	가다	사다	물건	[완료]	가다	자르다	머리

댕은 쇼핑을 하고 머리를 자르러 갈 것이다.

Ⅳ. 태국어의 특징

지구상에는 수천 개의 언어가 사용되고 있다. 이들 언어들 간에는 공통점이 존재하며 각 언어마다 다른 언어에는 없는 특성을 가지고 있기도 하다. 오늘날 태국인이 국어로 사용하고 있는 태국어는 차이나 티베트어(Sino－Tibetian)족에 속하는 언어로 중국어나 미얀마어와 같이 고립어(IsolatingLa?age)의 성격을 가지고 있다.(**วิไลวรรณ ขนิษฐานันท์, ๒๕๒๗: ๑๘๐**) 태국어의 특성을 간략하게 살펴보면 다음과 같다.

1) 태국어는 자신의 고유한 문자를 가지고 있다. 태국어를 표기하는데 사용되고 있는 타이문자는 1283년 쑤코타이 왕조의 람캄행 대왕에 의해 고안되었다. 당시에는 자음 44자 모음이 32자였으나 현재에는 자음 42자와 모음 32자가 사용되고 있다. 이러한 자모음 체계에서 자음 음소는 21개의 음소 그리고 모음 음소가 21개의 음소를 갖는다. 또한 5개의 성조 음소가 더 있다. 타이문자는 문자 위에 성조를 표시하는 4개의 성조 부호가 있어 씌어진 대로 읽으면 성조가 실제로 말할 때의 성조와 일치하는 우수성을 가지고 있다.

2) 태국어는 성조어이다. 따라서 낱말의 형태는 같더라도 음의 높이에 따라 의미가 달라진다. 언어에 성조가 있는 것은 제한된 양의 기호로 많은 의미를 나타내기 위한 방법 중의 하나이다.

เขา	**เข่า**	**เข้า**
khao	khao	khao
그	무릎	들어가다

ขาว	**ข่าว**	**ข้าว**
kha:w	kha:w	kha:w
희다	뉴스	밥

3) 태국어는 고립어로서 어형의 변화가 없다. 태국어에서 동사나 형용사는 문장 안에서의 다른 성분들과 문법적 관계를 나타내기 위한 어형의 변화가 없다. 따라서 시제(**กาล**)나 상(**กาลลักษณะ**) 또는 격(**การก**)과 수(**พจน์**) 그리고 법(**มาลา**)과 태(**วาจก**) 등에 관련된 문법 관계는 어순과 특정한 조동사에 의하여 표시된다.

พ่อ **ไป** **กรุงเทพฯ**

phɔ:	paj	kruŋthe:p
아버지	가다	방콕

아버지는 방콕에 가신다.

คุณแดง	**จะ**	**ไป**	**กรุงเทพฯ**	**ไหม**
khundɛ:ŋ	caʔ	paj	kruŋthe:p	maj
댕씨	[미래]	가다	방콕	[의문]

댕씨 방콕에 가시겠습니까?

เขา	**ถูก**	**ส่ง**	**ไป**	**กรุงเทพฯ**
khao	thu:k	soŋ	paj	kruŋthe:p
그	[수동]	보내다	가다	방콕

방콕으로 보내졌다.

ให้	**เขา**	**ไป**	**กรุงเทพฯ**
haj	khao	paj	kruŋthe:p
[사동]	그	가다	방콕

그를 방콕으로 가게 해라.

4) 태국어는 어순에 따라서 문장의 각 구성 성분의 기능이 달라진다. 태국어에는 격표지가 없기 때문에 문장 안에서 단어의 위치와 순서가 곧 기능을 나타낸다. 따라서 어순이 달라지면 구성 성분들의 기능이 달라지기 때문에 문장의 의미도 달라진다.

แม่	**ให้**	**เงิน**	**ลูก**
mɛ:	haj	ŋɤ:n	lu:k
엄마	주다	돈	자식

어머니가 아이에게 돈을 주신다.

ลูก	ให้	เงิน	แม่
lu:k	haj	ŋɤ:n	mɛ:
자식	주다	돈	엄마

아이가 어머니에게 돈을 준다.

พ่อ	สั่ง	นิด	ให้	ไป	ซื้อ	ขนม
phɔ:	saŋ	nit	haj	paj	sɯ:	khanom
아버지	시키다	닛	[보문소]	가다	사다	과자

아버지는 닛에게 과자를 사도록 시키셨다.

ตา	สั่ง	พ่อ	ให้	ไป	ซื้อ	ขนม
ta:	saŋ	phɔ:	haj	paj	sɯ:	khanom
외조부	시키다	아버지	[보문소]	가다	사다	과자

외할아버지는 아버지에게 과자를 사도록 하셨다.

5) 순수 태국어는 단음절로 되어 있다. 따라서 다음절로 된 외래어의 경우에 음절 수를 줄여서 사용하는 경향이 강하다.

–친인척의 호칭 및 지칭

พ่อ	แม่	พี่	น้อง
phɔ:	mɛ:	phi:	nɔ:ŋ
아버지	어머니	형	동생

–동물 이름

หมา	ควาย	หนู	นก
개	물소	쥐	새

ma:	khwa:j	nu:	nok

－사물 이름

เสื้อ	**ข้าว**	**บ้าน**	**ยา**
옷	밥	집	약
sɯa	kha:w	ba:n	ja:

－동작 동사

นอน	**นั่ง**	**ไป**	**มา**
눕다	앉다	가다	오다
nɔ:n	naŋ	paj	ma:

－신체부위를 나타내는 말

หัว	**ตา**	**ปาก**	**หน้า**
머리	눈	입	얼굴
hua	ta:	pa:k	na:

6) 순수 태국어에서 종자음으로 사용되는 자음은 8개 자음으로 한정되어 있다.

순수 태국어	외래어		
ก	**ข**	**ค**	**ฆ**
มาก	**เลข**	**โรค**	**เมฆ**
ma:k	le:k	ro:k	me:k

ง						
ของ						
khɔ:ŋ						
ด		จ	ช	ซ	ฎ	ฐ
ขาด		กิจ	ราช	ก๊าซ	ชัฎ	รัฐ
kha:t		kit	ra:t	ka:t	chat	rat
		ฑ	ฒ	ต	ถ	
		กรุฑ	วัฒนา	พิฆาต	รถ	
		khrut	watana:	phikha:t	rot	
		ท	ธ			
		บาท	พุธ			
		ba:t	phut			
순수 태국어	외래어					
น	ณ	ญ	ร	ล	ฬ	
ฉัน	คุณ	บุญ	การ	กาล	กาฬ	
chan	khun	bun	ka:n	ka:n	ka:n	
บ	ป	พ	ฟ	ภ		
พบ	รูป	ภาพ	ปรู๊ฟ	ลาภ		
phop	ru:p	pha:p	pru:p	la:p		
ม						
ขม						
khom						

ย
โรย
ro:j

ว
ข้าว
kha:w

7) 태국어는 조어법이 발달되어 있다. 고립어인 태국어는 어형변화 없이 단어의 반복이나 합성을 통한 뛰어난 조어력을 가지고 있다.

ดี ๆ	ขาว ๆ	เด็ก ๆ	ลูก ๆ
didi:	khawkha:w	dekdek	luklu:k
좋은	하얀	아이들	자녀들
บ้านเรือน	ดูแล	เสื่อสาด	กลิ่นอาย
ba:nrɯan	du:lɛ:	sɯasa:t	klinʔ:j
주택	돌보다	자리	냄새
รุ่งโรจน์	สูญหาย	ยกเลิก	ชัยชนะ
ruŋo:t	su:nha:j	joklɤ:k	chajchana?
발전하다	사라지다	취소하다	승리하다
มิดโกน	เดินทาง	สอบถาม	ไฟฟ้า
mi:tko:n	dɤ:ntha:ŋ	sɔ:ptha:m	fajfa:
칼	여행하다	문의하다	전기

8) 태국어에는 형태사가 발달되어 있다. 태국어의 형태사는 단순한 단

위로써의 기능뿐만 아니라 그 물건의 형태를 드러내 주는 역할을 한다.

ผ้า ๒ ผืน	**ผ้า ๒ ม้วน**	**ผ้า ๒ พับ**
pha:sɔ:ŋhɯ:n	pha:sɔ:ŋmuan	pha:sɔ:ŋphap
천 두 장	천 두 두루마리	천 두 필

9) 태국어에서는 특별한 경우를 제외하고는 수식어가 피수식어의 뒤에 위치한다.

ฉัน	**ต้องการ**	**ปูไข่**	**ไม่ใช่**	**ไข่ปู**
chan	tɔ:ŋka:n	pu:khaj	majchaj	khajpu:
나	원하다	알밴 게	아니	게 알

내가 원하는 것은 알밴 게이지 게 알이 아니다.

ใน	**ห้องเรียนนี้**	**มี**	**เด็กชาย**	**๑๐**	**คน**
naj	hɔ:ŋrianni:	mi:	dekchaj	sip	khon
안에	이 교실	있다	남자아이	열	사람

이 교실에는 남자 아이 10명이 있다.

10) 태국어에서는 지정사와 일부 전치사의 생략이 가능하다.

นี่	**บ้าน**	**เรา**
ni:	ba:n	rao
이	집	우리

이것은 우리 집이다.

หนังสือ สอง เล่มนี้ ของ ใคร

naŋsɯː sɔːŋ leːmniː khɔːŋ khraj
책 둘 권-이 의 누구
이 책 2권은 누구의 것입니까?

ฉัน ไป โรงเรียน
chan paj roːŋrian
나 가다 학교
나는 학교에 간다.

เขา อยู่ บ้าน
khao juː baːn
그 있다 집
그는 집에 있다.

11) 태국어에서는 사회적 지위와 신분에 따라 어법을 달리하는 대우법이 발달되어 있다.

นิด ชอบ กิน ขนม
nit chɔːp kin khanom
닛 좋아하다 먹다 과자
닛은 과자를 즐겨 먹는다.

พ่อ ทาน ข้าว อยู่
phɔː thaːn khaːw juː
아버지 먹다 밥 있다
아버지는 식사를 하고 계신다.

พระ ฉัน อาหาร หลัง เที่ยง ไม่ได้

phra$^{?}$ chan	$^{?}$:ha:n	laŋ	thiaŋ	majdaj	
승려 먹다	음식	후	정오	-수 없다	

승려는 정오 이후에 식사를 할 수 없다.

12) 태국어에는 동음이의어와 동형이의어가 비교적 많다.

การ	กาล	การณ์
ka:n	ka:n	ka:n
일	시간	원인
กาฬ	กานต์	กานท์
ka:n	ka:n	ka:n
검은	사랑받는	시
ค่า	ฆ่า	ข้า
kha:	kha:	kha:
가치	죽이다	나
เพลา	เพลา	가벼운, 다리
	phla:	
	เพ-ลา	시간
	phe-la:	
ตากลม	ตากลม	눈이 동그랗다
	ta:-klom	
	ตาก-ลม	바람을 쐬다
	ta:k-lom	

ขอบอกขอบใจ	**ขอ – บอก – ขอบใจ** khɔ: – bɔ:k – khɔ:pcaj	고맙다고 해야겠구나.
	ขอ – บอก – ขอบใจ khɔ:p – ˀok – khɔ:pcaj	고맙다.

13) 태국어에는 어조사가 발달되어 있다.

นั่ง **สิ**
naŋ siˀ
앉다 [어조사]
앉아요.

ไม่เป็นไร **ไป** **เถิด**
majpenraj paj thɤ:t
괜찮다 가다 [어조사]
괜찮아요. 가세요.

ไม่เอา **น่า**
majˀao na:
싫다 [어조사]
그러지 마세요.

แม่ **จ๋า**
mɛ: ca:
엄마 [어조사]
엄마

อากาศ	**ร้อน**	**นะ**
ˀa:ka:t	rɔ:n	naˀ
날씨	덥다	[어조사]

날씨가 덥죠?

14) 태국어에서 일부 단어는 기능에 따라 강세가 달라진다.

กาแฟ	**<u>เย็น</u>**	**หมด**	**แล้ว**
[kafɛ:	jen]	[mot	lɛ:w]
커피	차다	전부	[완료]

냉커피가 다 떨어졌네요.

<u>กาแฟ</u>	**เย็น**	**หมด**	**แล้ว**
[kafɛ:]	[jen	mot	lɛ:w]
커피	차다	전부	[완료]

커피가 다 식었습니다.

15) 태국어에서 존재사가 문장 앞에 오면서 무주어 문장이 생겨날 수 있다.

มี	**ต้นไม้**	**ใน**	**สวนหย่อม**
mi:	tonma:j	naj	suanjɔ:m
있다	나무	안	정원

정원에 나무가 있다.

ใน	**นา**	**มี**	**ข้าว**	**ใน**	**น้ำ**	**มี**	**ปลา**
naj	na:	mi:	kha:w	naj	na:m	mi:	pla:
에	논	있다	벼	-에	물	있다	생선

논에는 벼가 있고 물에는 고기가 있다.

มี	**คน**	**เดิน**	**มา**	**แล้ว**
mi	khon	dɤ:n	ma:	la:w
있다	사람	걷다	오다	[완료]

걸어오는 사람이 있다.

16) 태국어에서는 동사가 없는 문장이 가능하다. 이때는 특정한 명사가 술어 역할을 한다.

คุณ	**อยู่**	**เท่าไร**
Khun	ˀa:ju	thaoraj
당신	나이	얼마

당신은 나이가 얼마입니까?

เธอ	**ชื่อ**	**สมหญิง**
thɤ:	chɯ:	somjiŋ
그녀	이름	쏨잉

그녀 이름은 쏨잉이다.

부 록 2

태국어의 사동사

Ⅰ. 중립 동사의 성격을 갖는 사동사

กระจาย / kraca:j / 퍼뜨리다
กลบ / klop / 덮다
กลิ้ง / kliŋ / 굴리다
กะเทาะ / kathɔˀ / 벗기다
แกว่ง / kwɛ:ŋ / 흔들다
ควบ / khuap / (말을) 몰다
โค่น / kho:n / 쓰러뜨리다
จม / com / 가라앉다
เจียระไน / ciaraˀnaj / 연마하다
ฉลุ / chaluˀ / (무늬를) 새기다
เฉาะ / chɔˀ / 잘라내다
ชำและ / chamlɛ / 얇게 베다
เชื่อม / chɯam / 용접하다
ดับ / dap / 끄다
ตอก / tɔ:k / (못을) 박다
ตั้ง / taŋ / 세우다
กรีด / kri:t / (칼로) 긋다
กลั่น / klan / 증류시키다
ก่อ / kŋ / 세우다
กาง / ka:ŋ / 펴다
คลาย / khla:j / 풀다
เคลื่อน / khlɯan / 움직이다
งอ / ŋɔ: / 휘다
จอด / cɔ:t / 주차하다
เจียว / ciaẇ / 지지다
ฉีก / chi:k / 찢다
เฉือน / chɯan / 도려내다
เชือด / chɯat / (목을) 치다
ดอง / dɔ:ŋ / 담그다
ต้ม / tom / 끓이다
ตอน / tɔ:n / 거세하다
ตำ / tam / 빻다

ถอย / thɔ:j /	물러서다	**ทลาย** / la:j /	무너지다
ทอ / thɔ: /	(베를) 짜다	**ทา** / tha: /	도색하다
ทุบ / thup /	때리다	**บด** / bot /	갈다
บ่ม / bom /	찌다	**ปั่น** / pon /	빻다
ปรับปรุง / prappruŋ /	개선하다	**ปะ** / paʔ /	때우다
ปิ้ง / piŋ /	굽다	**ปิด** / pit /	닫다
เปลี่ยนแปลง / plianplɛ:ŋ /	변화시키다	**เปิด** / pə:t /	열다
ผลิต / phalit /	생산하다	**เผา** / phao /	태우다
พลิก / phlik /	뒤집다	**พัง** / phaŋ /	부수다
ยืด / jɯ:t /	늘이다	**แยก** / jɛ:k /	가르다
โยก / jo:k /	흔들다	**ระเบิด** / rabɤ:t /	터지다
รีด / ri:t /	다리다	**ลบ** / lop /	지우다
ล้ม / lom /	넘어지다	**ลอย** / lɔ:j /	띄우다
ละลาย / lala:j /	녹이다	**ล้าง** / la:ŋ /	씻다
เลื่อน / lɯan /	움직이다	**แล่น** / la:n /	달리다
สลัก / salak /	새기다	**สั่น** / san /	떨다
สับ / sap /	썰다	**สาน** / sa:n /	엮다
หงาย / ŋa:j /	위로 향하다	**หมุน** / mun /	돌리다
หยุด / jut /	멈추다	**หรี่** / ri: /	줄이다
หัก / hak /	부러뜨리다	**หั่น** / han /	썰다
หุบ / hut /	오므리다	**เหลา** / lao /	깎다
ไหม้ / maj /	타다	**อุ่น** / ʔun /	데우다

II. 중립 동사의 성격을 갖지 않는 사동사의 용례

กระชาก－หลุด (당기다－빠지다)

แดง	**กระชาก**	**ผ้าพันคอ**
dɛ:ŋ	kracha:k	pha:phankhɔ
댕	당기다	목도리

댕은 목도리를 잡아 당겼다.

ผ้าพันคอ	**หลุด**
pha:phankhɔ	lut
목도리	빠지다

목도리가 빠졌다.

คลอก－ไหม้ (화상을 입히다－화상을 입다)

ไฟ	**คลอก**	**เขา**
faj	khlɔ:k	khao
불	화상을 입히다	그

불이 그에게 화상을 입혔다.

เขา	**ไหม้**
khao	maj
그	화상을 입다

그가 화상을 입었다.

ช่วยชีวิต－รอด(살려주다－살아나다)

เขา	**ช่วยชีวิต**	**ฉัน**

khao	chuajchiwit	chan
그	살려 주다	나

그가 나를 살려 주었다.

ฉัน	**รอด**
chan	rɔ:t
나	살아나다

나는 살아났다..

เซาะ – กร่อน(침식시키다 – 침식당하다)

น้ำ	**เซาะ**	**หิน**
na:m	sɔ?	hin
물이	침식시키다	돌

물이 돌을 침식시킨다.

หิน	**กร่อน**
hin	krɔ:n
돌	침식되다

돌이 침식당한다.

ฆ่า – ตาย(죽이다 – 죽다)

ห้าม	**ฆ่า**	**สัตว์**
ha:m	kha:	sat
[금지]	죽이다	동물

동물을 죽이지 말라.

สัตว์	**ตาย**
sat	ta:j
동물	죽다

동물이 죽는다.

ตัด – ขาด(자르다 – 잘리다)

นิด	**ตัด**	**เชือก**
nit	tat	chɯak
닛	자르다	끈

닛이 끈을 자른다.

เชือก	**ขาด**
chɯak	kha:t
끈	잘리다

끈이 잘린다.

ถอน – หลุด (뽑다 – 뽑히다)

ยาย	**ถอน**	**ฟัน**
ja:j	thɔ:n	fan
외조모	뽑다	이

외할머니가 이를 뽑으신다.

ฟัน	**หลุด**
fan	lut
이	뽑히다

이가 뽑힌다.

ทับ－แบน(덮쳐누르다－납작해지다)

รถ	**ทับ**	**กระป๋อง**
rot	thap	krapɔ:ŋ
차	덮치다	깡통

차가 깡통을 밟고 지나갔다.

กระปษอง	**แบน**
krapɔ:ŋ	b?n
깡통	납작해지다

깡통이 납작해지다.

บาด－เป็นแผล(상처 내다－상처 입다)

มีด	**บาด**	**มือ**	**เขา**
mi:t	ba:t	mɯ:	khao
칼	상처 내다	손	그

칼이 그의 손에 상처를 냈다.

มือ	**เขา**	**เป็นแผล**
mɯ:	khao	penphla:
손	그	상처 입다

그의 손이 상처를 입었다.

ป้อน－กิน (먹이다－먹다)

ดำ	**ป้อน**	**ข้าว**	**น้อง**
dam	pɔ:n	kha:w	nɔ:ŋ

담	먹이다	밥	동생

담이 동생에게 밥을 먹인다.

น้อง	**กิน**	**ข้าว**
nɔ:ŋ	kin	kha:w
동생	먹다	밥

동생이 밥을 먹는다.

เลี้ยง－โต (키우다－크다)

เรา	**เลี้ยง**	**กระต่าย**	**ตัวหนึ่ง**
rao	ia:ŋ	krata:j	tuanɯŋ
우리	키우다	토끼	한마리

우리는 토끼 한 마리를 키운다.

กระต่าย	**โต**	**มาก**
krata:j	to:	ma:k
토끼	크다	매우

토끼가 많이 컸다.

ผลัก－เข้า (밀다－들어가다)

น้อง	**ผลัก**	**ลิ้นชัก**
nɔ:ŋ	phlak	linchak
동생	밀다	서랍

동생이 서랍을 밀었다.

ลิ้นชัก	**เข้า**
linchak	khao
서랍	들어가다

서랍이 들어갔다.

รักษา－ถึง(치료하다－낫다)

ยาย	**ต้อง**	**รักษา**	**โรค**
ja:j	tɔ:ŋ	raksa:	ro:k
외조모	[의무]	치료하다	병

외할머니는 병을 치료해야 한다.

โรค	**ของ**	**ยาย**	**หาย**	**แล้ว**
ro:k	khɔ:ŋ	ja:j	ha:j	lɛ:w
병	의	외조모	낫다	[완료]

외할머니의 병이 나았다.

ส่ง－ถึง(보내다－도착하다)

แฉัน	**ส่ง**	**จดหมาย**
chan	soŋ	cotma:j
나	보내다	편지

나는 편지를 보냈다.

จดหมาย	**ถึง**
cotma:j	thɯŋ
편지	도착하다

편지가 도착했다.

참고문헌

김정대 (1988) 「사동 논의에 대한 반성」, 어문논집 3, 경남대 국어교육학회.
김정대 (1989) 「'-게 하다' 사동구문의 기저구조(1)」 경남 어문논집 제2집.
김종택 (1982) 『국어 화용론』, 형설출판사.
김형배 (1997) 『국어의 사동사 연구』, 박이정.
류성기 (1998) 『한국어 사동사 연구』, 홍문각.
서정수 (1991) 『현대 한국어 문법연구의 개관』, 한국문화사.
서정수 (1994) 『국어 문법』, 뿌리깊은 나무.
서정수 (1996) 『현대국어문법론』, 한양대학교 출판원.
송복승 (1987) 「국어 사동사 파생과 사동문 생성 연구」 고려대학교 석사학위논문.
송복승 (1995) 『국어의 논항구조 연구』, 보고사.
송창선 (1998) 『국어 사동법 연구』, 홍문각.
연재훈 (1989) 「국어 중립 동사 구문에 관한 연구」 한글 203호 한글학회.
연재훈 (1991) 「he Interaction of the causative/passive and neutral-verb construction in Korean」언어 연구 제3집 서울대학교 언어 연구회.
연재훈 (1992) 「ausative and Related Issues: A Typological Approach」 언어 연구.
제6집 서울대학교 언어 연구회.
우형식 (1998) 『국어 동사구문의 분석』, 태학사.
우형식 (1990) 「국어 타동구문에 관한 연구」 연세대학교 박사학위논문.
이익섭, 임홍빈 (1997) 『국어문법론』, 학연사.
이향천 (1991) 「피동의 의미와 기원」 서울대학교 박사학위논문.
차상호 (1998) 『기초 태국어』, 삼지사.

최창성 (1996)『배우기 쉬운 태국어』, 한국외국어대학교 출판부.

Arts, Bas(1997) English Syntax and Argumentation. Macmillan Press Ltd.

Borsley, Robert D.(1996) Modern Phrase Structure Grammar. Blackwell Publishers.

Chalao, Chaiyaranatana (1961)A comparative study of English and Thai,Ph. D.dissertation, Indiana University.

Charles, N. Liand Sandra A. Thompson(1976) Development of The causative in MandarinChinese: Interaction of Diachronic Process in Sytax? in Shibatani, Masayosi (eds.) Sytntax and semantics Vol.6. New York: Academic Press, pp.476－491.

Comrie, Bernard(1993) Causative verb formation and other verb－deriving morphology in Timothy Shopen (ed.) Language typology and syntactic description Vol. 3.Cambrige University Press, pp.308－348.

Givon, T.(1990)Syntax:A functional－Typological Introduction, Vol.2, John Benjamins Publishng Company, Philadelphia, pp.515－561.

Jackendoff, Ray (1994) Patterns in the Mind Language and Human Nature. Harper Conllings Publishers.

Kingkarn, Thepkanjana (1986) Serial Verb Constructions in Thai? Ph. D.dissertation, The University of Michigan.

Lyons, John(1977) Semantics 2.Cambrige University Press.

Noss, Richard B.(1971)ThaiReferenceGrammar,Krusapa Ladprao.

Pongshri, Lekawatna (1969)A comparetive study of English and Thai, Univ. of Michigan.

Rasami, Vichit－Vadkan (1976) The Concept of Inadvertence in Thai Periphrastic Causative Constructions?in Shibatani, Masayosi (ed.) Sytntax and semantics Vol. 6. New York: Academic Press, pp.459－475.

Saeed, John I.(1997) Sentence Semantics 2: Participants?Semantics, Blachwell Publishers Inc. pp.139－169.

Salee,Sriphen (1982) The Thai Verb PhrasePh. D.dissertation, The University of Michigan.

Shibatani, Masayosi (1976) The Grammar of Causative Construction: A Conspectus Sytntax and semantic Vol.6. New York: Academic Press, pp.1－39.

Talmy, Leonardo?emantic Causative Types in Shibatani, Masayosi (ed.) Sytntax and semantics Vol.6. New York: Academic Press, pp.44－115

Vichin, Panupong (1970)Inter－Sentence Relations of Morden Conversational Thai, The siamsociety.

Wechsler, Stephen(1995) The Semantic Basis of Argument Structure. CSLI Publications

K00, Myng Chul (1997) Kaustiv und Passiv im Deutshen Frankfurt am Main u.a.: Peter Lang

K00, Myng Chul (1999) Kaustive Situationen, Kausations－Typen und Kaustivkonstruktionen im Deutshen Das 7. internationale Symposium.

หนังสือ

กาญจนานาคสกุล.ระบบเสียงภาษาไทย. :กรุงเทพมหานคร: จุฬาลงกรณ์มหาวิทยาลัย.๒๕๒๔

กำชัยทองหล่อ, หลักภาษาไทยกรุงเทพมหานคร: รวมสาส์น. ๒๕๔๐

ดวงมนจิตร์จำนงค์ และ อาภาพรรณวรรณโชติ.ลักษณะสำคัญของภาษาไทย. สงขลา: เทมการพิมพ์,๒๕๒๙

ดิเรกชัยมหัทธะสิน.หน่วยคำภาษาไทย.กรุงเทพมหานคร: ศิลปาบรรณาคาร. ๒๕๒๘

ดุษฎีพรชำนิโรคศานต์. ภาษาศาสตร์เชิงประวัติและภาษาไทเปรียบเทียบ. กรุงเทพมหานคร :จุฬาลงกรณ์มหาวิทยาลัย. ๒๕๒๖

นววรรณพันธุเมธา.ไวยากรณ์ภาษาไทย.กรุงเทพมหานคร: รุ่งเรืองสาส์นการ

พิมพ์.๒๕๒๗

_______________ "กริยาซ้อน."สตรีสาร๓๙(๓๘): ๑๐๔ – ๑๐๕ธันวาคม,๒๕๒๙

บรรจบพันธุเมธา. ลักษณะภาษาไทย. กรุงเทพฯ: โรงพิมพ์มหาวิทยาลัย รามคำแหง. ๒๕๒๘

ปริชาทิชินพงศ์.ลักษณะภาษาไทย.กรุงเทพมหานคร: โอเดียนสโตร์๒๕๒๓

พระยาอุปกิจศิลปสาร. หลักภาษาไทย. กรุงเทพมหานคร: ไทยวัฒนพานิช. ๒๕๑๑

วิจินตน์ ภาณุพงศ์.โครงสร้างภาษาไทย ระบบไวยากรณ์.กรุงเทพมหานคร: มหาวิทยาลัยรามคำแหง. ๒๕๒๗

อุดมวโรตน์สิกขดิตถ์. ภาษาศาสตร์เบื้องต้น.กรุงเทพมหานคร: โรงพิมพ์ครูสภา. ๒๕๑๓

เอกสารสอนชุดวิชาภาษาไทย ๓ หน่วยที่ ๗ – ๑๕.กรุงเทพมหานคร: มหาวิทยาลัยสุโขทัยธรรมธิราช.๒๕๒๖

พจนานุกรม ฉบับราชบัณฑิตยสถาน พ.ศ. ๒๕๒๕

วิทยนิพนธ์

คีโยโกะทาคาฮาชิ. "การปฏิเสธในหน่วยสร้างกริยาเรียงพื้นฐานในภาษาไทย". วิทยานิพนธ์ปริญญามหาบัณฑิต ภาควิชาภาษาศาสคร์ บัณฑิตวิทยาลัย จุฬาลงกรณ์มหาวิทยาลัย, 2539

จรัสดาวอินทรทัศน์. "กระบวนการที่คำกริยากลายเป็นคำบุพบทในภาษาไทย". วิทยานิพนธ์ปริญญามหาบัณฑิต ภาควิชาภาษาศาสตร์ บัณฑิตวิทยาลัย จุฬาลงกรณ์มหาวิทยาลัย, 2539

จิตราภรณ์เกียรติไพบูลย์. "คำถามแบบตอบรับ – ปฏิเสธในภาษาไทย: การวิเคราะห์เชิงอรรถศาสตร์ ". วิทยานิพนธ์ปริญญามหาบัณฑิตภาควิชาภาษาศาสตร์ บัณฑิตวิทยาลัย จุฬาลงกรณ์มหาวิทยาลัย, 2525

จินดาเฮงสมบูรณ์. "คำกริยาบอกการเคลื่อนที่ในภาษาไทย". วิทยานิพนธ์ปริญญามหาบัณฑิตภาควิชาภาษาไทย บัณฑิตวิทยาลัย จุฬาลงกรณ์มหาวิทยาลัย, 2528

จินดารัตน์จรัสกำจรกูล. "เงื่อนไขทางอรรถศาสตร์ของการปรากฏของ จะ

ระหว่างกริยาวลี".วิทยานิพนธ์ปริญญามหาบัณฑิต ภาควิชาภาษาศาสตร์ บัณฑิตวิทยาลัย จุฬาลงกรณ์มหาวิทยาลัย, 2536ฉอ้อน

หาระบุตร. "การศึกษาความสัมพันธ์ของคำกริยา ๒ คำที่เรียงกันในประโยคภาษาไทย". วิทยานิพนธ์ปริญญามหาบัณฑิต ภาควิชาภาษาไทย บัณฑิตวิทยาลัย จุฬาลงกรณ์มหาวิทยาลัย, 2520

ชลธิดาสุดมุข. "การศึกษาคำกริยาแสดงอาการโดยไม่กระทบกระเทือนผู้อื่นหรือสิ่งอื่นในภาษาไทยโดยการจัดกลุ่มทางความหมาย".วิทยานิพนธ์ศิลปศาสตรมหาบัณฑิตคณะศิลปศาสตร์มหาวิทยาลัยธรรมศาสตร์, 2537

ชัชวดีศรลัมพ์. "การศึกษามโนทัศน์ของคำว่า เข้า". วิทยานิพนธ์ปริญญามหาบัณฑิตภาควิชาภาษาศาสตร์ บัณฑิตวิทยาลัย จุฬาลงกรณ์มหาวิทยาลัย, 2538

ชิรวัฒน์นิจเนตร. "การวิเคราะห์เปรียบเทียบกริยาวลีในภาษาไทยและภาษาอังกฤษ".วิทยานิพนธ์ปริญญามหาบัณฑิต บัณฑิตวิทยาลัย มหาวิทยาลัยศรีนครินทรวิโรฒ, 2521

ฌองส์ ฮวันซึง. "การวิเคราะเปรียบเทียบระบบโครงสร้างภาษาไทยและ ภาษาเกาหลี"วิทยานิพนธ์ปริญญามหาบัณฑิตบัณฑิตวิทยาลัยมหาวิทยาลัยสงขลานครินทร์, ๒๕๓๖

ดิเรกชัยมหัทธนะสิน. "การศึกษากลุ่มประโยคในความเรียงภาษาไทย". วิทยานิพนธ์ปริญญามหาบัณฑิตภาควิชาภาษาไทย บัณฑิตวิทยาลัย จุฬาลงกรณ์มหาวิทยาลัย, 2523

ดุษฎีพรชำนิโรคสานต์ "อนุพากย์ในภาษาไทย".วิทยานิพนธ์ปริญญามหาบัณฑิต ภาควิชาภาษาไทยบัณฑิตวิทยาลัยจุฬาลงกรณ์มหาวิทยาลัย, 2512

ธีระนุดโชคสุวณิช. "การศึกษาประโยค ๓ ชนิดในภาษาไทยกับเจตนาของผู้พูดในนวนิยาย โซ่สังคม ของทมยันต". วิทยานิพนธ์ปริญญามหาบัณฑิต ภาควิชาภาษาไทย บัณฑิตวิทยาลัยจุฬาลงกรณ์มหาวิทยาลัย, 2533

นิชราอัศววิบูลย์. "การเพิ่มคํ า การสูญคํ า และการเปลี่ยนแปลงความหมายของคำกริยา ในช่วง พ.ศ.2416 – 2525". วิทยานิพนธ์ปริญญามหาบัณฑิต บัณฑิตวิทยาลัย มหาวิทยาลัยศรีนครินทรวิโรฒ, 2533

นิตยากาญจนะวรรณ. "คำกริยาสกรรมในภาษาไทย". วิทยานิพนธ์ปริญญามหาบัณฑิต ภาควิชาภาษาไทย บัณฑิตวิทยาลัยจุฬาลงกรณ์มหาวิทยาลัย,

2513
นิศานาถแท่นนิล. "รูปแบบทางภาษาที่แสดงความหมายการตอบเสนองกัลบในภาษไทย".วิทยานิพนธ์ ศิลปศาสตรมหาบัณฑิต คณะศิลปศาสตร์ มหาวิทยาลัยธรรมศาสตร์, 2536
บังอรฤทธาภรณ์. "คำกริยาวิเศษณ์ในภาษาไทย". วิทยานิพนธ์ปริญญามหาบัณฑิต ภาควิชาภาษาไทย บัณฑิตวิทยาลัย จุฬาลงกรณ์มหาวิทยาลัย, 2513
ประกาศิตกายะสิทธิ์. "การแจงส่วนประโยคผิดไวยกรณ์ในภาษาไทยด้วยตัวแจงส่วนแบบแอลอาร์". วิทยานิพนธ์ปริญญามหาบัณฑิต ภาควิชาวิศวกรรมคอมพิวเตอร์ บัณฑิตวิทยาลัยจุฬาลงกรณ์มหาวิทยาลัย, 2538
ประภัสสรเจริญสุข. "กริยาที่คุณสมบัติในการควบคุมประธานของอนุประโยคในภาษาไทย". วิทยานิพนธ์ศิลปศาสตร์มหาบัณฑิตคณะศิลปศาสตร์มหาวิทยาลัยธรรมศาสตร์, 2533
พัชรินทร์ดวงศรี. "ประโยคเงื่อนไขเพื่อยืนยันในภาษาไทย". วิทยานิพนธ์ปริญญามหาบัณฑิต ภาควิชาภาษาศาสตร์ บัณฑิตวิทยาลัย จุฬาลงกรณ์มหาวิทยาลัย, 2537
เพ็ญแขวงษ์ศิริ. "คำกริยาอกรรมในภาษาไทย: การศึกษาและจำแนกแนวไวยากรณ์การก". วิทยานิพนธ์ปริญญามหาบัณฑิต ภาควิชาภาษาศาสตร์ บัณฑิตวิทยาลัย จุฬาลงกรณ์มหาวิทยาลัย, 2525
เพียนศิริวงศ์วิภานนท์. "ความสัมพันธ์ทางไวยากรณ์ ๓ ชนิดกับการวางตำแหน่งวลีในประโยคภาษาไทย".ศาสตร์แห่งภาษาเล่ม ๒(มิ.ย. ๒๕) หน้า ๓๑ – ๕๔
ภาณุสังขะวร."ความสัมพันธ์ทางอรรถศาสตร์ระหว่างคำนามกับคำกริยาในประโยคภาษาไทย". วิทยานิพนธ์ปริญญามหาบัณฑิต ภาควิชาภาษาไทย บัณฑิตวิทยาลัย จุฬาลงกรณ์มหาวิทยาลัย, 2527
วิภาวงศ์สันติวนิช. "คำกริยากรีตในภาษาไทย". วิทยานิพนธ์ปริญญามหาบัณฑิตภาควิชาภาษาศาสตร์บัณฑิตวิทยาลัย จุฬาลงกรณ์มหาวิทยาลัย, 2526
ศิรินทิพย์วัชรวัฒนากุล. "การรวมความหมายในคำกริยาภาษาไทย". วิทยานิพนธ์ปริญญามหาบัณฑิตภาควิชาภาษาศาสคร์ บัณฑิตวิทยาลัย จุฬาลงกรณ์มหาวิทยาลัย, 2528

สถาวรพัชรบำรุง. “วิเคราะห์การใช้คำ เป็น ในภาษาไทย”. วิทยานิพนธ์ปริญญามหาบัณฑิต ภาควิชาภาษาไทยบัณฑิตวิทยาลัย จุฬาลงกรณ์มหาวิทยาลัย, 2529

สังวาลย์คงจันทร. “คำกริยาบอกเจนาสื่อสารในภาษาไทย”. วิทยานิพนธ์ปริญญามหาบัณฑิตภาควิชาภาษาไทย บัณฑิตวิทยาลัย จุฬาลงกรณ์มหาวิทยาลัย, 2533

สายสมรวัฒนะสมบูรณ์. “การเปลี่ยนแปลงของวิเศษณานุประโยคบอกเวลาในภาษาไทยสมัยรัตนโกสินทร์ ”. วิทยานิพนธ์ปริญญามหาบัณฑิตภาควิชาภาษาศาสตร์ บัณฑิตวิทยาลัยจุฬาลงกรณ์มหาวิทยาลัย, 2537

สุดารังกุพันธุ์. “กริยารอง ไป และ มา ในภาษาไทย”. วิทยานิพนธ์ปริญญามหาบัณฑิตภาควิชาภาษาศาสตร์ บัณฑิตวิทยาลัย จุฬาลงกรณ์มหาวิทยาลัย, 2535

สุธิดาสุนทรวิภาต. “รูปภาษาที่แสดงทัศนคติในภาษาไทย”. วิทยานิพนธ์ปริญญามหาบัณฑิต ภาควิชาภาษาศาสคร์ บัณฑิตวิทยาลัย จุฬาลงกรณ์มหาวิทยาลัย, 2537

สุรพลชัยทองวงศ์วัฒนา. “คำกริยาบ่องบอกลักษณะในภาษาไทยกรุงเทพฯ”. วิทยานิพนธ์ปริญญามหาบัณฑิต ภาควิชาภาษาศาสคร์ บัณฑิตวิทยาลัย จุฬาลงกรณ์มหาวิทยาลัย, 2532

โสภาวรรณแสงไชย. “กริยารอง ขึ้น และ ลง ในภาษาไทย”. วิทยานิพนธ์ปริญญามหาบัณฑิต ภาควิชาภาษาศาสตร์ บัณฑิตวิทยาลัย จุฬาลงกรณ์มหาวิทยาลัย, 2537

อภินันท์เชื้อไทย. “อนุประโยคบอกความใหม่ที่อยู่ต้นประโยคในภาษาไทย”. วิทยานิพนธ์ปริญญามหาบัณฑิต ภาควิชาภาษาศาสตร์ บัณฑิตวิทยาลัย จุฬาลงกรณ์มหาวิทยาลัย, 2529

อรทัยเดชธำรง. “หน้าที่ของคำกริยา ให้ ในภาาาไทย”. วิทยานิพนธ์ปริญญามหาบัณฑิตภาควิชาภาษาไทย บัณฑิตวิทยาลัยจุฬาลงกรณ์มหาวิทยาลัย, 2513

อิงอรสุพันธุ์วณิช. “กาลในภาษาไทย”. วิทยานิพนธ์ปริญญามหาบัณฑิต ภาควิชาภาษาไทยบัณฑิตวิทยาลัย จุฬาลงกรณ์มหาวิทยาลัย, 2516

อุไรงามสม. “การวิเคราะห์คุณสมบัติทางวากยสัมพันธ์และอรรถศาสตร์ของคำ

กริยา มี ในภาษาไทย”.วิทยานิพนธ์ปริญญามหาบัณฑิต ภาควิชาภาษาศาสตร์ บัณฑิตวิทยาลัย จุฬาลงกรณ์มหาวิทยาลัย, 2527

JUNG, Hwan-Seung (1997) “**กริยาบอกผลในภาษาไทยก**”, 동남아 연구 제6권, 한국외국어대학교동남아 연구소.

정환승

-약 력-
한국외국어대학교 동양어대학 태국어과 졸업(1987)
태국 쏭클라대학교 태국어과 문학 석사(1993)
한국외국어대학교 언어학과 언어학 박사(2000)
태국 쏭클라대학교 객원교수
서울대학교 인문학연구원 선임연구원
현재 한국외국어대학교 태국어과 부교수

-저 서-
「한국어」(1993)
「한국어회화」(1994)
「태국인을 위한 한국어입문」(1998)
「초급한국어」(2000) (공저)
「중급한국어」(2000) (공저)
「현대 태국어문법론」(2002)
「한국어·태국어 어휘학습 바이블」(2007)

-논 문-
『태국어 분리동사 연구』
『태국어 사동문 유형에 관한 연구』
『우리말 "하다"와 태국어 대응어 연구』
『팔리어와 산스크리트어가 태국어에 끼친 영향』 외 다수

본 도서는 한국학술정보(주)와 저작자 간에 전송권 및 출판권 계약이 체결된 도서로서, 당사와의 계약에 의해 이 도서를 구매한 도서관은 대학(동일 캠퍼스) 내에서 정당한 이용권자(재적학생 및 교직원)에게 전송할 수 있는 권리를 보유하게 됩니다. 그러나 다른 지역으로의 전송과 정당한 이용권자 이외의 이용은 금지되어 있습니다.

태국어 사동문 연구

• 초판 인쇄　2008년 2월 29일
• 초판 발행　2008년 2월 29일

• 지 은 이　정환승
• 펴 낸 이　채종준
• 펴 낸 곳　한국학술정보㈜
경기도 파주시 교하읍 문발리 513-5
파주출판문화정보산업단지
전화 031) 908-3181(대표) · 팩스 031) 908-3189
홈페이지 http://www.kstudy.com
e-mail(출판사업부) publish@kstudy.com
• 등　록　제일산-115호(2000. 6. 19)
• 가　격
29,000원

ISBN 978-89-534-8267-8 93700 (Paper Book)
978-89-534-8268-5 98700 (e-Book)